Mathefreunde 1

Herausgegeben von
Edmund Wallis, Leipzig

Erarbeitet von
Catrin Elies, Stendal
Ursula Kluge, Kühnitzsch
Yvonne Kriseleit, Halberstadt
Nancy Lopp, Magdeburg
Isabel Miedtke, Zwickau
Jana Richter, Erfurt
Jana Scherbaum, Halberstadt
Edmund Wallis, Leipzig

VOLK UND WISSEN

Inhalt

Die Aufgaben sind so
nummeriert: $\boxed{1}$

Hier ist es etwas
schwieriger: $\boxed{1}$

So erkennst du eine
kniffelige Aufgabe: $\boxed{1}$

So erkennst du Aufgaben,
die jeder lösen kann $\boxed{1}$

Auf den blauen Zetteln
findest du die Lösungen:

Merkkasten   MERKE DIR

Wiederholungskasten   WIEDERHOLE

Zahlen und Formen in unserer Umwelt

Bildinhalt erschließen: Anzahlen ermitteln, zählen; Zahlen erkennen und nennen; Lagebeziehungen angeben (rechts, links, oben, unten, vorn, hinten, zwischen)

OBST und GEMÜSE

KINO
Zirkus
***
Kunst-
Austellung
3 SEPT
19.

B-AZ123

H
3 5

1

links

rechts

2

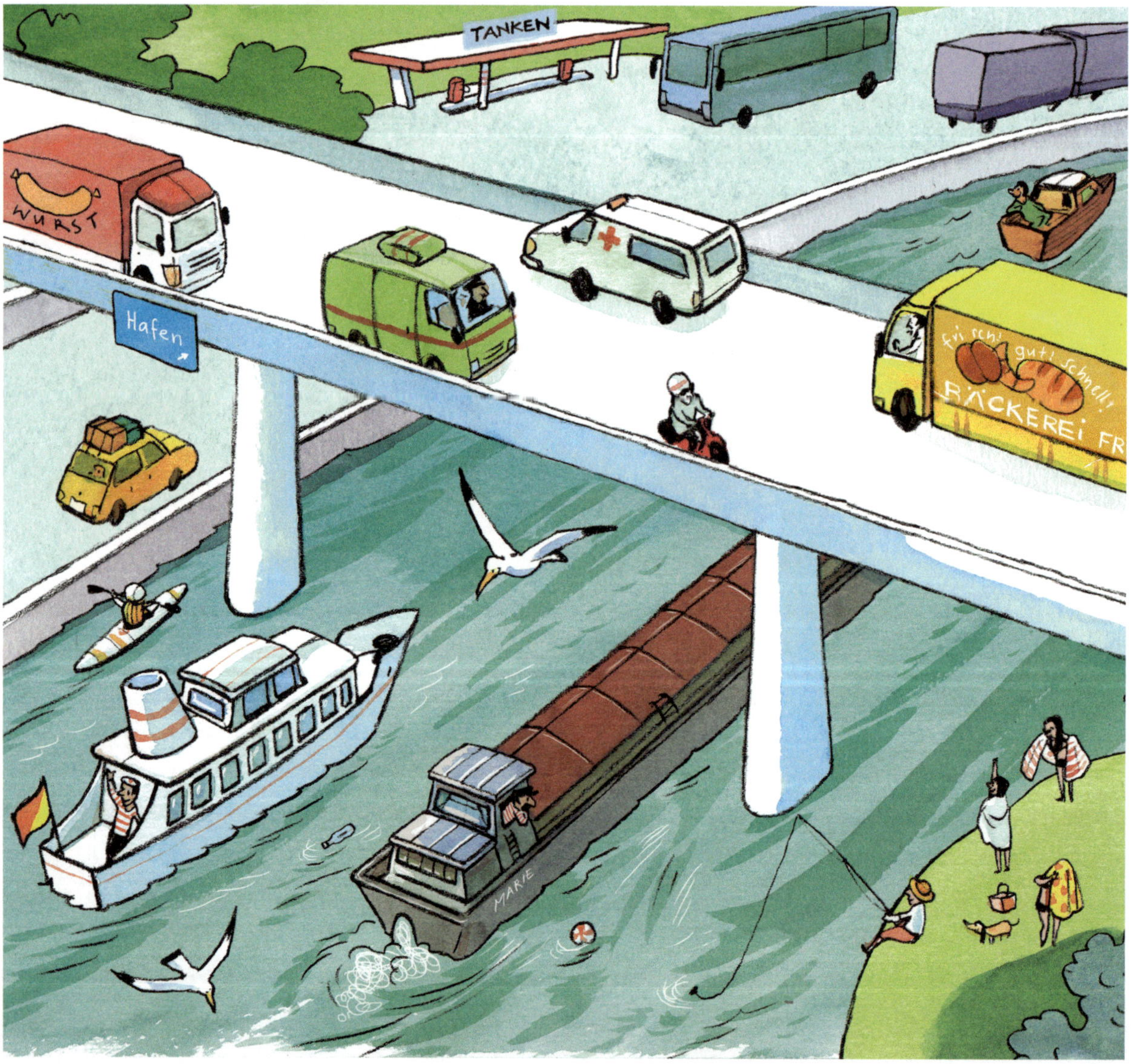

1: Links, rechts, oben, unten mit den Händen zeigen
2: Standort der Fahrzeuge benennen: vor, hinter, neben, unter, über, rechts, links, zwischen

AH 2–3 | **TÜ** 2–4

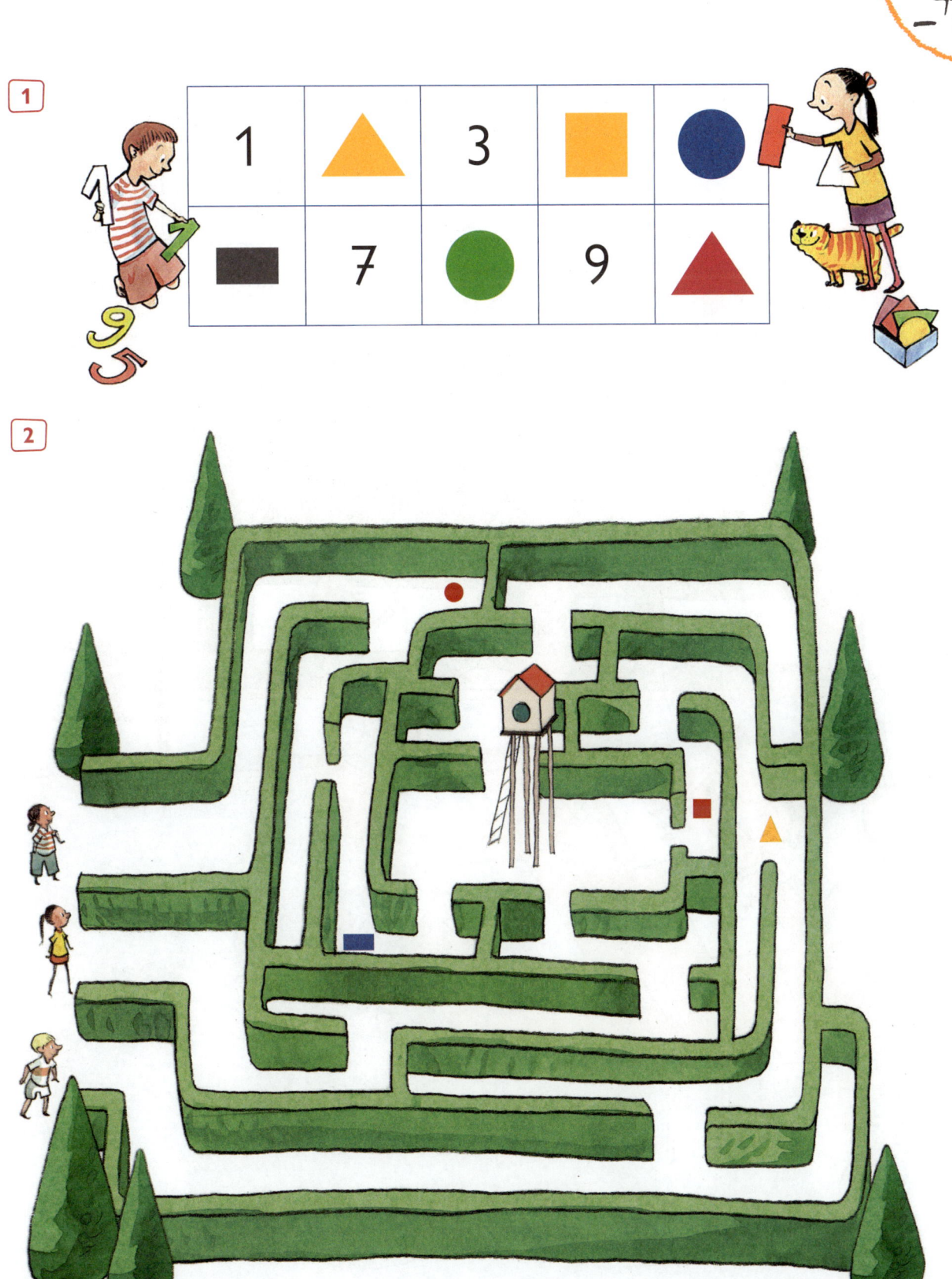

1	▲	3	■	●
▬	7	●	9	▲

Die Zahlen von 1 bis 10

Gegenstände im Bild zählen; Anzahl von 1 bis 10 mit Plättchen im Zehnerfeld und als Strichlisten darstellen

Die Zahlen 1 und 2

1

2

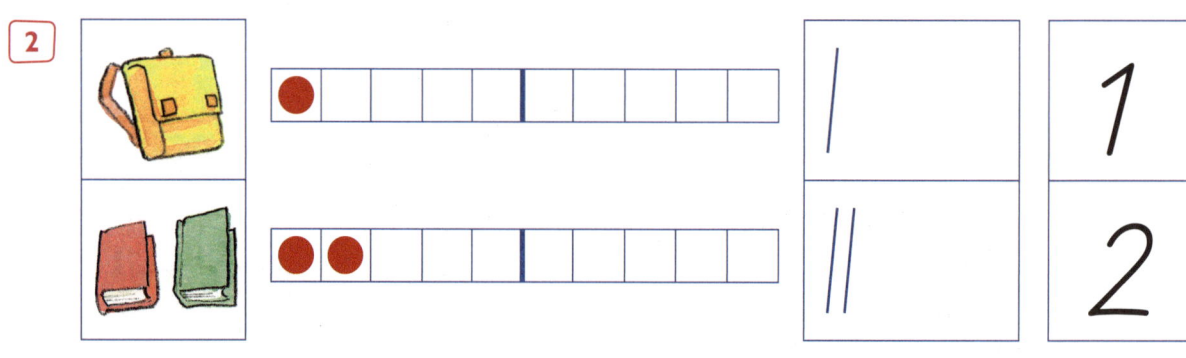

3

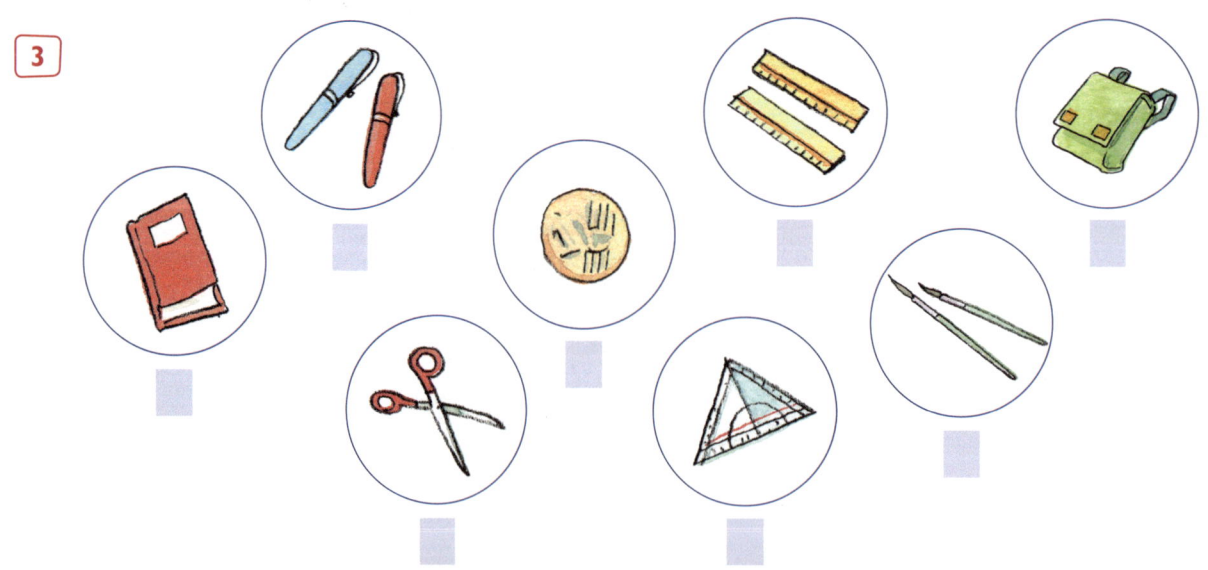

1: Unterrichtsgespräch zum Bild: Anzahl der Dinge bestimmen, Lage der Dinge beschreiben
2: Zahlen 1 und 2 erfassen: Menge, Zehnerstreifen, Ziffernschreibweise
3: Zuordnung Zahl – Menge

AH 4 | **TÜ** 5

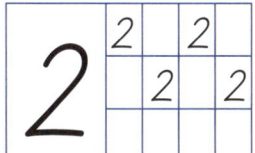

1

1		1		1
			1	1

2		2		2
		2	2	

2

3

1: Ziffernschreibweise veranschaulichen
2: Gespräch zum Bild: Anzahl der Gegenstände bestimmen; Lage beschreiben; Lagebeziehungen
3: Zuordnung: Zahl – Menge

AH 4 | **TÜ** 5   11

Die Zahl 3

1

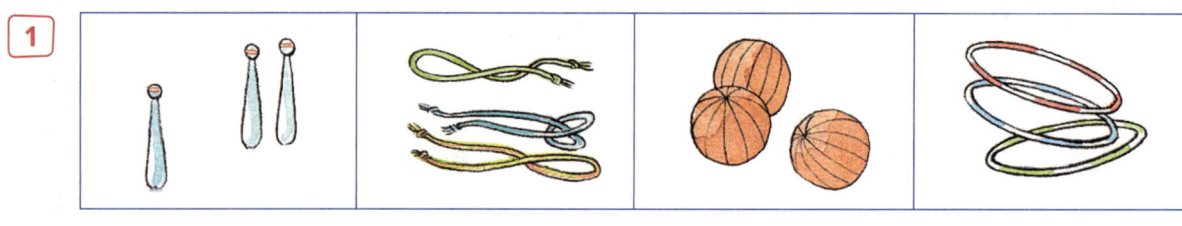

2

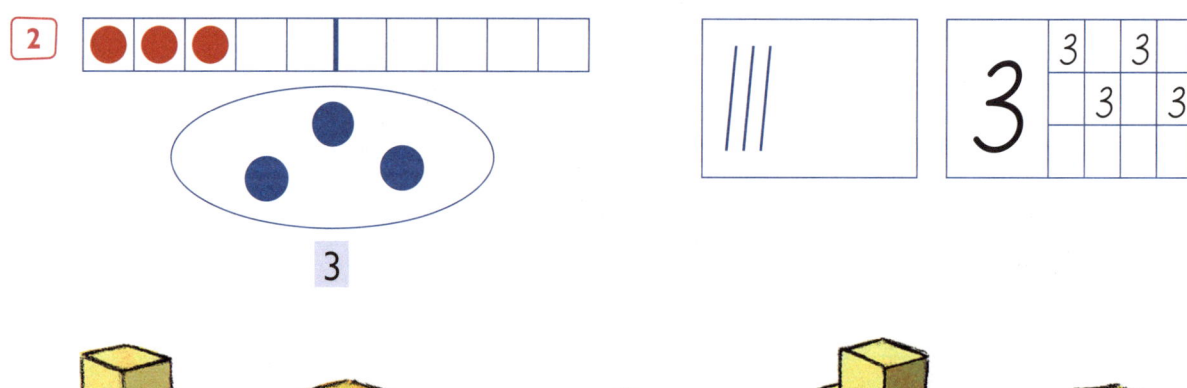

 2            

1: Mengen mit 3 Dingen erfassen; zählen, Anzahl angeben
2: Anzahl ermitteln; Strichliste; Zahlen zuordnen; Ziffernschreibweise

Die Zahl 4

1

2

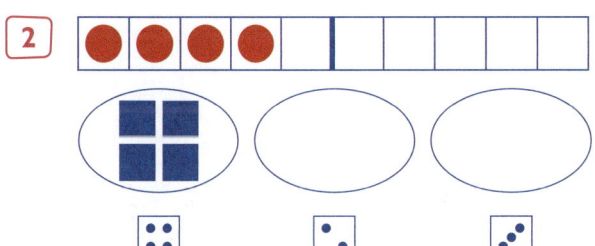 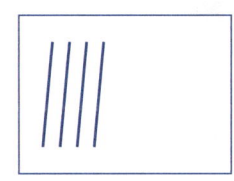

3

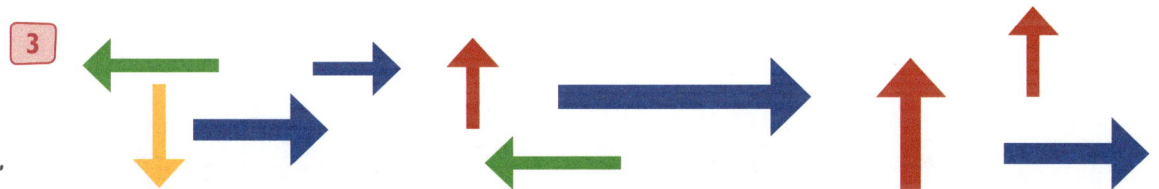

1: Mengen mit 4 Dingen erfassen; zählen, Anzahl angeben
2: Zuordnung: Punktbild – Menge; Anzahl bestimmen; Strichliste; Ziffernschreibweise
3: Anzahl der verschiedenen Pfeile bestimmen; Richtung angeben

Die Zahl 5

1

   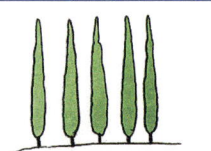

2

 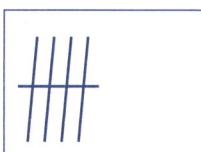 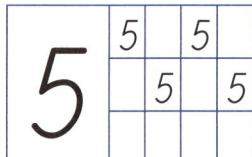

3

| 5 | 5 | 5 | 5 |

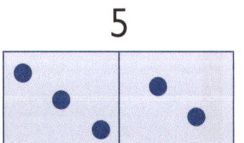 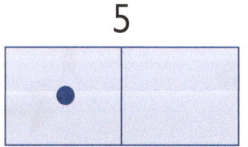

1: Mengen mit 5 Dingen erfassen; Anzahl angeben

2: Anzahl erfassen; Zahl zuordnen; Strichliste und Ziffernschreibweise

14   3: Ergänzen zu 5 Punkten

Die Zahl 6

1

2

3

6

1: Mengen mit 6 Dingen erfassen, zählen; Anzahl angeben
2: Anzahl ermitteln; Strichliste; Zahl zuordnen; Ziffernschreibweise
3: Anzahl bestimmen; Zahl der Menge zuordnen

AH 6 | TÜ 6   15

Vergleichen der Zahlen von 1 bis 6

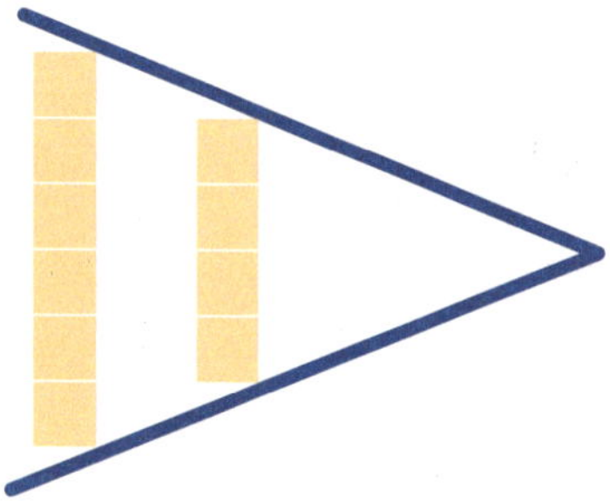

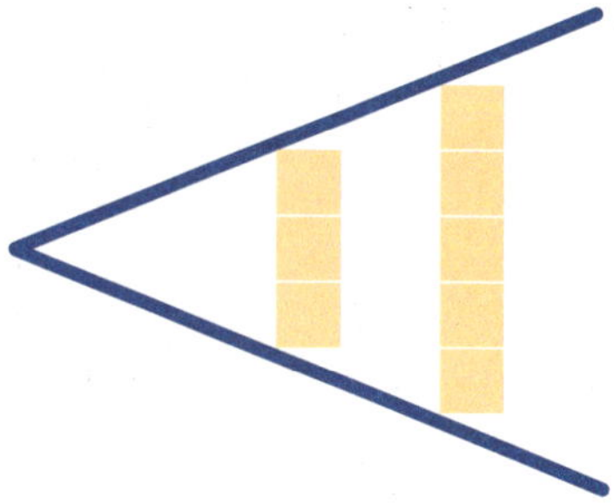

6 **>** 4

6 ist größer als 4

3 **<** 5

3 ist kleiner als 5

1

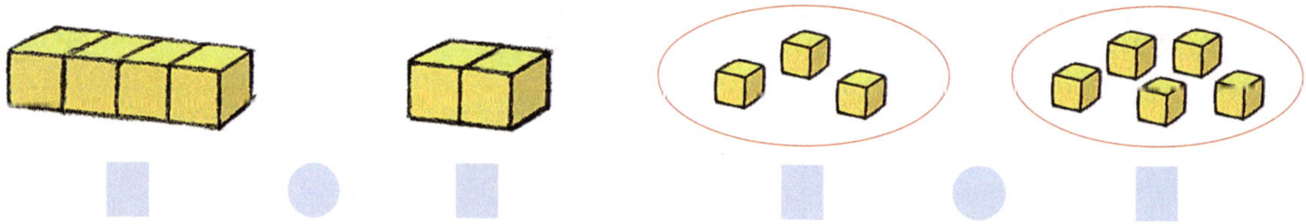

2

3

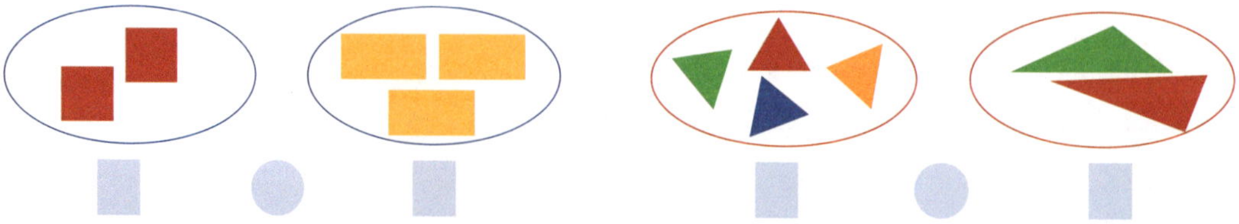

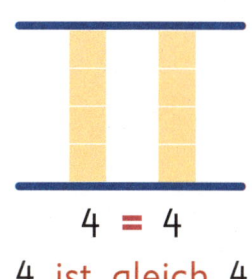

4 = 4

4 ist gleich 4

1

2

3

2 ○ 6	3 ○ 5	5 ○ 6	5 ○ 4	1 ○ 4
5 ○ 4	6 ○ 6	4 ○ 2	1 ○ 5	3 ○ 4
2 ○ 2	4 ○ 3	1 ○ 3	1 ○ 6	5 ○ 5
2 ○ 3	3 ○ 2	6 ○ 2	3 ○ 3	4 ○ 1

4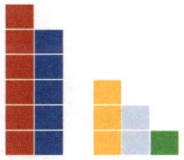

2 >	1 <	6 >	5 >
3 >	2 <	2 <	4 <
4 >	3 <	3 >	3 =

5

1 und 2: Zahlen zuordnen und Relationszeichen setzen   3: Relationszeichen setzen
4: Geeignete Zahlen für den Platzhalter finden
5: Anzahl der Würfel bestimmen; Zahlen zuordnen; Relationszeichen setzen

AH 7 | TÜ 7

17

Zerlegen von Mengen und Zahlen

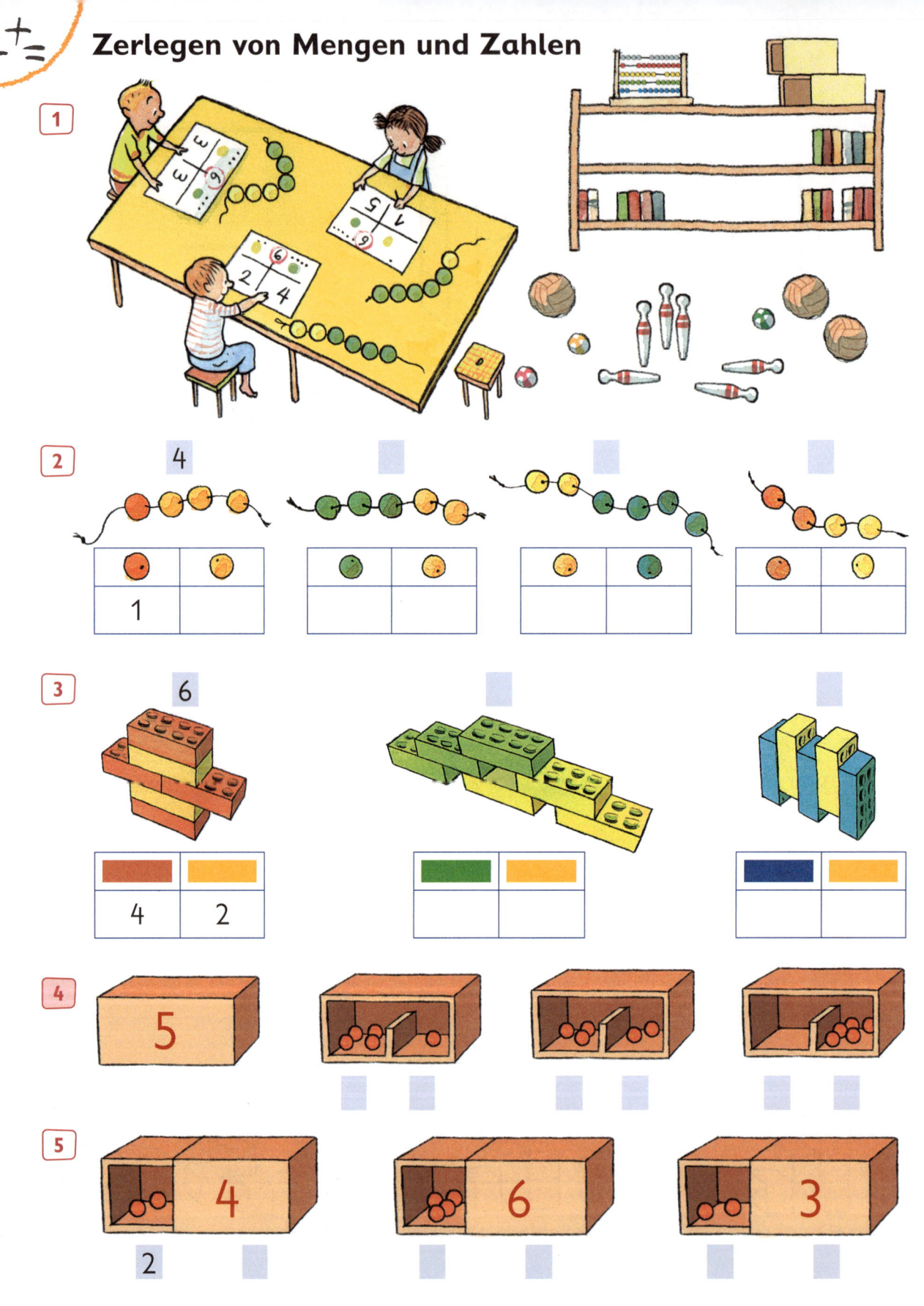

1: Darstellungen im Bild besprechen
2 bis 5: Anzahl erfassen; Zerlegung erkennen

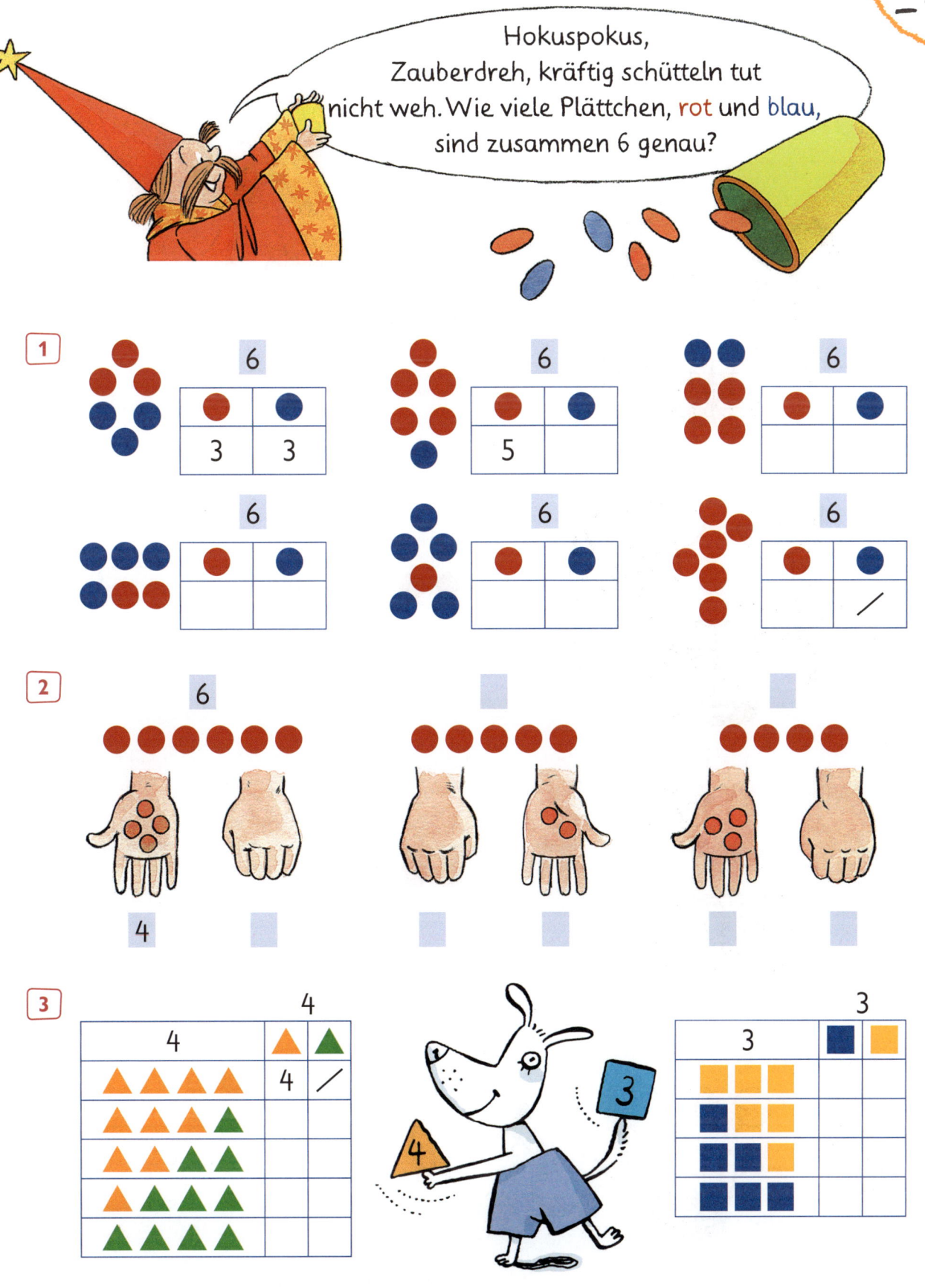

Hokuspokus, Zauberdreh, kräftig schütteln tut nicht weh. Wie viele Plättchen, rot und blau, sind zusammen 6 genau?

1

6	
🔴	🔵
3	3

6	
🔴	🔵
5	

6	
🔴	🔵

6	
🔴	🔵

6	
🔴	🔵

6	
🔴	🔵
	/

2

6

4

3

4		🔺	🔺
🔺🔺🔺🔺		4	/
🔺🔺🔺🔺			
🔺🔺🔺🔺			
🔺🔺🔺🔺			
🔺🔺🔺🔺			

3		🟦	🟨
🟨🟨🟨			
🟦🟨🟨			
🟦🟦🟨			
🟦🟦🟦			

1: Zahlen zerlegen; Zerlegung mit Plättchen nachlegen
2: Verdeckte Anzahl ermitteln; Zahl zuordnen
3: Struktur des Zerlegens erfassen

+ plus

MERKE DIR

3 plus 2 ist gleich 5.

1

3 + 2 =

2

2 + =

3

 + =

4

 + =

1

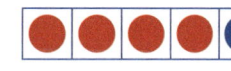

$4 + \boxed{} = \boxed{}$

2

$\boxed{} + 1 = \boxed{}$

3

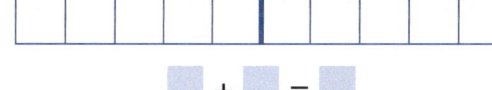

$\boxed{} + \boxed{} = \boxed{}$

4

$\boxed{} + \boxed{} = \boxed{}$

5

$\boxed{} + \boxed{} = \boxed{}$

1 bis 4: Additionsaufgaben am Zehnerstreifen legen, aufschreiben und lösen
5: Aufgaben finden und lösen

1

So rechnest du im Heft:

4	+	2	=	6				

2 Lege und rechne.

2 plus 1

● ●

2 + 1 = ☐	2 + 3 = ☐	4 + 2 = ☐	1 + 2 = ☐
1 + 3 = ☐	1 + 1 = ☐	3 + 1 = ☐	3 + 3 = ☐
2 + 2 = ☐	1 + 4 = ☐	3 + 2 = ☐	5 + 1 = ☐
4 + 1 = ☐	2 + 4 = ☐	1 + 5 = ☐	3 + 2 = ☐

6	3	5	6
2	5	6	4
5	4	3	6
5	5	6	4

3

5

3 + 2
2 + ☐
4 + ☐
1 + ☐

3

☐ + ☐
☐ + ☐

6

☐ + ☐
☐ + ☐
☐ + ☐
☐ + ☐
☐ + ☐
☐ + ☐

4

☐ + ☐
☐ + ☐
☐ + ☐

4 Setze ein: < , > oder = .

2 + 3 ◯ 6	5 + 1 ◯ 6	4 ◯ 1 + 3	3 ◯ 1 + 2
4 + 1 ◯ 5	1 + 2 ◯ 4	5 ◯ 3 + 3	6 ◯ 2 + 2
2 + 2 ◯ 3	3 + 1 ◯ 3	5 ◯ 2 + 4	4 ◯ 3 + 3
3 + 3 ◯ 6	4 + 2 ◯ 5	6 ◯ 5 + 1	5 ◯ 4 + 2

5 Berechne die Summe aus den Zahlen 2 und 4.

1: Aufgabe am Zehnerstreifen darstellen   2: Aufgaben mit Plättchen legen und Summen bestimmen
3: Rechenhäuser mit den zugehörigen Additionsaufgaben ausfüllen
4: Summe berechnen und Relationszeichen setzen   5: Additionsaufgabe finden und lösen

Lege und rechne.

1 2 + 3 = ☐

3 + 2 = ☐

2 5 + 1 = ☐

☐ + ☐ = ☐

3 4 + 2 = ☐

☐ + ☐ = ☐

Die **Summanden** kannst du vertauschen.
Die **Summe** bleibt gleich.

2 + 3 = 5   3 + 2 = 5

MERKE DIR

---

4 3 + 1 = ☐
1 + 3 = ☐

4 + 2 = ☐
2 + 4 = ☐

5 1 + 5 = ☐
☐ + ☐ = ☐

1 + 4 = ☐
☐ + ☐ = ☐

6 ☐ + ☐ = 5
☐ + ☐ = 5

☐ + ☐ = 3
☐ + ☐ = 3

---

1 bis 3: Aufgaben mit Plättchen legen und lösen; Ergebnisse vergleichen
4 bis 6: Tauschaufgaben lösen

Subtrahieren bis 6

| — | minus | MERKE DIR |

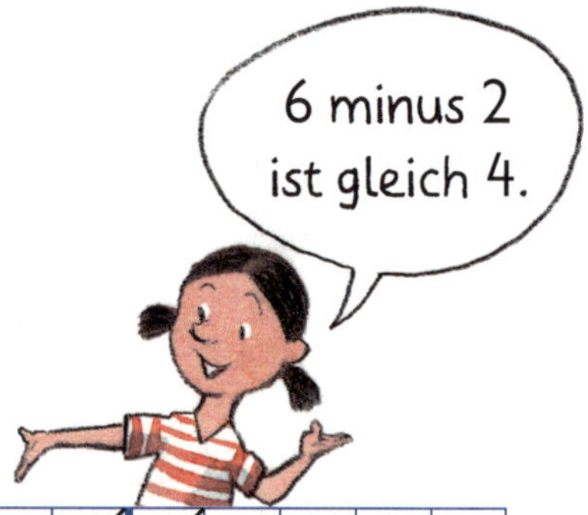

6 minus 2 ist gleich 4.

1

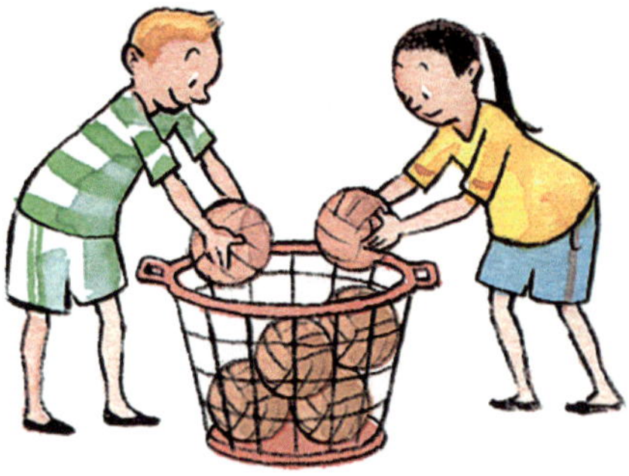

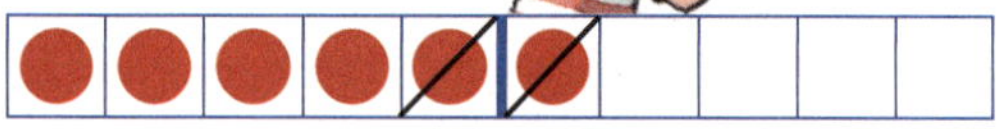

6 – 2 = ☐

2

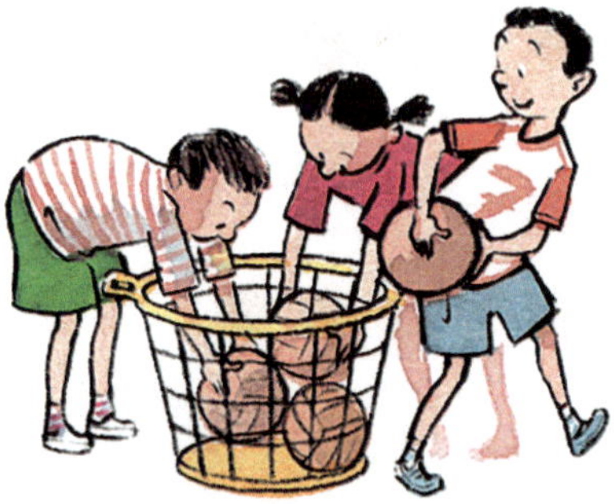

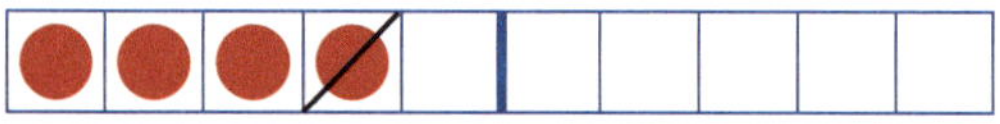

4 – ☐ = ☐

3

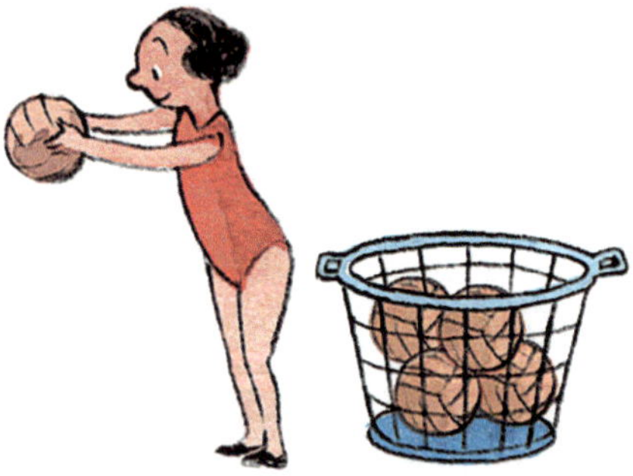

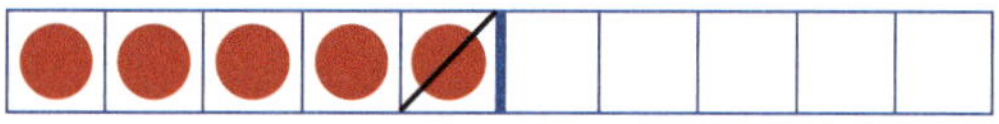

☐ – ☐ = ☐

4

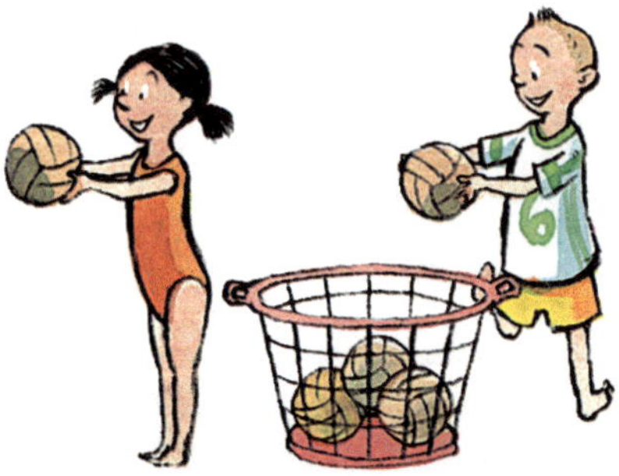

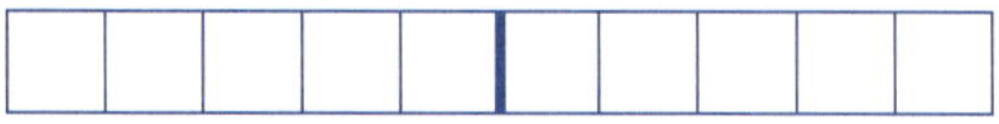

☐ – ☐ = ☐

1

5 − ☐ = ☐

2

☐ − 4 = ☐

3

☐ − ☐ = ☐

4

☐ − ☐ = ☐

5

☐ − ☐ = ☐

6

☐ − ☐ = ☐

1

Lege mit Plättchen.

2
$5 - 1 =$
$3 - 2 =$
$4 - 3 =$
$6 - 1 =$

3
$4 - 2 =$
$6 - 3 =$
$5 - 1 =$
$6 - 4 =$

4
$6 - = 1$
$4 - = 3$
$3 - = 1$
$5 - = 2$

2	5	4	1
2	4	1	3
1	3	2	5

5

−	4	3	2
6			
5			

6

−			2
5	4		
4		1	

7

8

_____

_____

1: Aufgaben lösen und mündlich den Briefkästen zuordnen   2 bis 4: Subtraktionsaufgaben lösen;
Zehnerstreifen nutzen   5 und 6: Mit Rechentabellen arbeiten
7 und 8: Rechengeschichten kennen lernen; Aufgaben finden, aufschreiben und lösen
AH 11 | **TÜ** 12

1

$3 + 2 = $ ☐ $5 - 4 = $ ☐

2

$2 + 4 = $ ☐	$4 - 1 = $ ☐	$2 + 1 = $ ☐	$3 - 2 = $ ☐
$4 + 1 = $ ☐	$6 - 5 = $ ☐	$5 - 2 = $ ☐	$1 + 4 = $ ☐
$1 + 5 = $ ☐	$5 - 3 = $ ☐	$3 - 1 = $ ☐	$6 - 2 = $ ☐
$1 + 3 = $ ☐	$6 - 2 = $ ☐	$5 + 1 = $ ☐	$2 + 2 = $ ☐

4	2	6	6
3	2	1	4
4	5	3	1
5	3	4	6

3

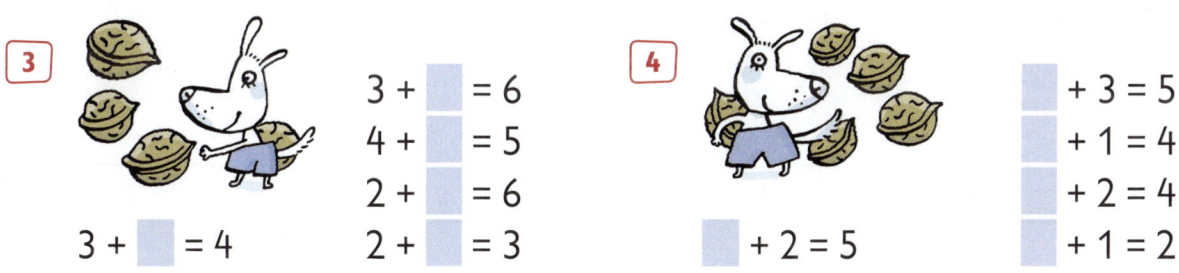

$3 + $ ☐ $ = 6$
$4 + $ ☐ $ = 5$
$2 + $ ☐ $ = 6$

$3 + $ ☐ $ = 4$ $2 + $ ☐ $ = 3$

4

☐ $ + 3 = 5$
☐ $ + 1 = 4$
☐ $ + 2 = 4$
☐ $ + 2 = 5$ ☐ $ + 1 = 2$

5

$4 - $ ☐ $ = 3$
$6 - $ ☐ $ = 1$
$5 - $ ☐ $ = 3$
$2 - $ ☐ $ = 1$ $5 - $ ☐ $ = 1$

6

☐ $ - 3 = 2$
☐ $ - 4 = 1$
☐ $ - 2 = 3$
☐ $ - 1 = 5$ ☐ $ - 3 = 3$

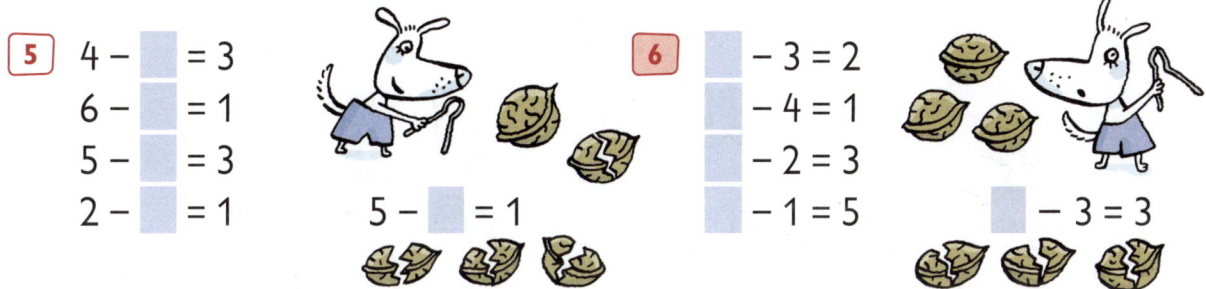

7 Die Summanden heißen 3 und 2. Berechne die Summe.

1 und 2: Additions- und Subtraktionsaufgaben lösen   3 und 4: Platzhalteraufgaben mit Plus kennen
lernen und lösen   5 und 6: Platzhalteraufgaben mit Minus kennen lernen und lösen
7: Begriffe „Summand" und „Summe" verstehen; Aufgabe bilden und lösen   AH 12 | TÜ 13–14   27

1

6	
4	2

3	1

3	2

2

1	4

2	2

5	1

1	3

3

5	
	3

3	
1	

6	

4	

4

$3 + 3 =$ $4 - 2 =$ $6 - 5 =$ $4 + 1 =$

$2 + 1 =$ $6 - 4 =$ $4 + 2 =$ $3 - 2 =$

$1 + 5 =$ $5 - 4 =$ $3 - 1 =$ $1 + 2 =$

$3 + 2 =$ $6 - 2 =$ $2 + 3 =$ $5 - 1 =$

4	1	2	6
3	1	5	2
1	6	5	4
2	6	5	3

5

+	4		2
1		4	
			4

−	1		2
5		2	
4			

3	1	2	6
3	3	4	5
3	2	3	5

6

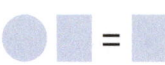

□ ○ □ = □

□ ○ □ = □

28

1: Aufbau der Rechenmauern entdecken   2 und 3: Fehlende Zahlen eintragen
4: Additions- und Subtraktionsaufgaben lösen   5: Mit Rechentabellen arbeiten
6: Rechengeschichten erzählen; Aufgaben notieren und lösen

AH 12–13 | **TÜ** 13–14

Umkehraufgaben

1

$6 - 2 = \square$

$4 + 2 = \square$

Lege mit Plättchen.

2

$6 - 1 = \square$
$5 + 1 = \square$

$4 - 3 = \square$
$1 + 3 = \square$

$6 - 5 = \square$
$1 + 5 = \square$

3

$4 - 2 = \square$
$\square + 2 = \square$

$3 - 1 = \square$
$\square + 1 = \square$

$5 - 2 = \square$
$\square + 2 = \square$

4

$\square - 1 = 4$
$\square + 1 = \square$

$\square - 3 = 2$
$\square + 3 = \square$

$\square - 2 = 1$
$\square + 2 = \square$

5

$3 + 1 = \square$
$\square - 1 = \square$

$2 + 4 = \square$
$\square - 4 = \square$

$1 + 5 = \square$
$\square - 5 = \square$

6

$3 + \square = \square$
$\square - \square = \square$

$\square - 2 = \square$
$\square + \square = \square$

$4 + \square = \square$
$\square - \square = \square$

7

-3
$5 \leftrightarrows 2$
$+3$

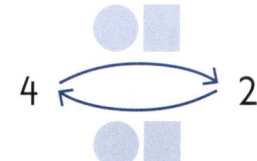
$6 \leftrightarrows 1$

$4 \leftrightarrows 2$

1: Erzählen zum Bild; Aufgabe und Umkehraufgabe erfassen und lösen
2 bis 5: Aufgabe und Umkehraufgabe bilden und lösen
6: Mögliche Aufgaben finden   7: Aufgaben mit Lösung aufschreiben

AH 13 | **TÜ** 13–14   29

Die Zahl 0

3 − 1 = ☐   3 − 2 = ☐   3 − 3 = ☐

4 − 1 = ☐   4 − 2 = ☐   4 − 3 = ☐   4 − 4 = ☐

5 − 1 = ☐   5 − 2 = ☐   5 − 3 = ☐   5 − 4 = ☐   5 − 5 = ☐

   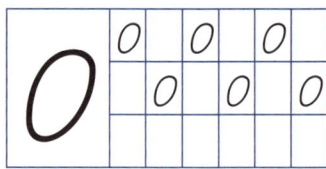

2	**3**	**4**	**5**
6 − 3 = ☐	6 + 0 = ☐	0 + 5 = ☐	6 > 0
6 − 4 = ☐	0 + 6 = ☐	5 − 0 = ☐	0 ⬤ 6
6 − 5 = ☐	4 + 0 = ☐	0 + 3 = ☐	5 ⬤ 0
6 − 6 = ☐	0 + 4 = ☐	2 − 2 = ☐	0 ⬤ 1

WIEDERHOLE

1. 2 + 3	2. 5 − 3	3. 3 + 3	4. 3 > 1	5. 3 ⬤ 2
3 + 2	1 + 4	5 − 1	3 ⬤ 5	4 ⬤ 4
5 − 4	3 − 2	5 + 1	4 ⬤ 3	2 ⬤ 5

1: Erarbeitung der Null über die Differenz gleicher Zahlen 2 bis 4: Additions- und Subtraktionsaufgaben lösen 5: Zahlen vergleichen, Relationszeichen setzen W: 1 bis 3: Additions- und Subtraktionsaufgaben lösen 4 und 5: Relationszeichen setzen

1

2

3
$3 + 2 =$
$1 + 5 =$
$5 + 0 =$
$0 + 6 =$
$4 + 0 =$

4
$6 - 0 =$
$5 - 5 =$
$3 + 0 =$
$1 - 0 =$
$1 - 1 =$

5
$4 - 4 =$
$4 - 0 =$
$6 + 0 =$
$2 - 2 =$
$2 + 0 =$

6
2 ⬤ 5
5 ⬤ 2
6 ⬤ 3
3 ⬤ 6
4 ⬤ 4

7

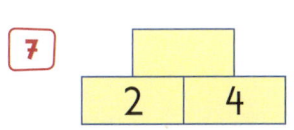

2 | 4

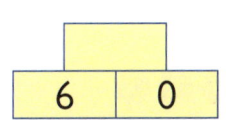

6 | 0

5
3

4
| 4

1 und 2: Erarbeitung der Null über die leere Menge
3 bis 5: Addieren und Subtrahieren unter Einbeziehung der Null
6: Relationszeichen setzen   7: Fehlende Zahlen ergänzen

Lage beschreiben

1 Du beschreibst die Lage des
Kästchens: „Oben rechts."
Dein Partner zeigt das Kästchen.

2 Du nennst ein Kästchen:
„Das gelbe Kästchen."
Dein Partner beschreibt die Lage:
„Unten in der Mitte."

3 Du beschreibst den Weg: 2 □ ⬆   3 □ ➡   1 □ ⬇
Dein Partner folgt der Wegebeschreibung und nennt das Ziel:
„roter Kreis".

4 Du nennst einen Gegenstand: „Schultasche".
Dein Partner beschreibt den Weg dahin: 2 □ ⬆   2 □ ➡

Aufgaben legen

5 Du legst: ●●●●●●
Dein Partner schreibt: 4   +   2   =   6

1 bis 4: Verwenden von „oben", „unten", „rechts", „links", „in der Mitte", „zwischen". Inklusion: AB 1/A,
S.6/7   5: Punktbilder legen, Aufgaben zuordnen. Inklusion: AB 1/A, S.63

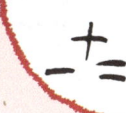

Bingo

1 Jedes Kind erhält ein Bingofeld.
Es wird nacheinander gewürfelt.
Jedes Kind setzt auf seine gewürfelte
Augenzahl einen Stein. Wer drei Zahlen
in einer Reihe abgedeckt hat, ruft „Bingo".

Bingo!

1	4	6
4	2	5
3	6	2

Mengen zerlegen

2 Du hast insgesamt 6 (5, 4) Plättchen in den
Händen.
Eine Hand öffnest du.
Dein Partner nennt die Anzahl der Plättchen
in der geschlossenen Hand.

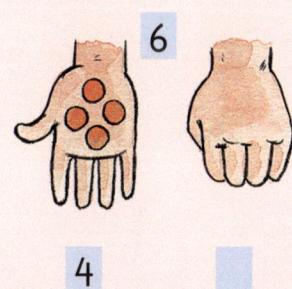

Rechenmauern

3 Du nennst zwei Zahlen von
1 bis 3 für die Grundsteine.
Dein Partner berechnet den
Zielstein.

4 Du nennst eine Zahl für den
Zielstein.
Dein Partner findet dazu die
Zahlen für die Grundsteine.

Umkehraufgaben finden

5 Du nennst eine Aufgabe
mit **+**. Dein Partner findet
dazu die Umkehraufgabe.

6 Du nennst eine Aufgabe
mit **–**. Dein Partner findet
dazu die Umkehraufgabe.

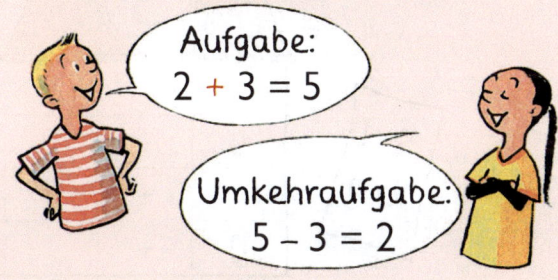

Aufgabe:
$2 + 3 = 5$

Umkehraufgabe:
$5 - 3 = 2$

Aufgabe:
$4 - 1 = 3$

Umkehraufgabe:
$3 + 1 = 4$

1: Bingo spielen   2: Alle möglichen Zerlegungen finden   3 und 4: Zahlen für die Rechenmauer finden
5 und 6: Umkehraufgabe finden und lösen. Inklusion: AB 1/A, S. 65

33

Kann ich das schon?

1

6		5

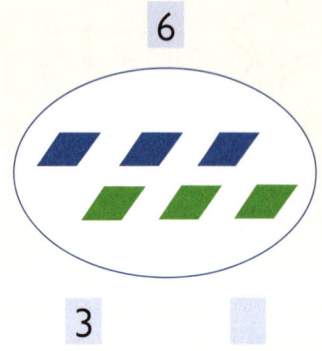      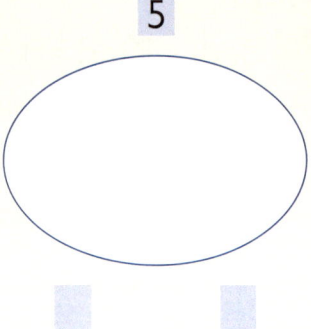

3

2 Baue Türme und vergleiche.

5 < 6   1 ◯ 3   3 ◯ 2   0 ◯ 6   4 ◯ 3   5 ◯ 2

3

2	4

5	
3	

0	4

6	
6	

4

2 + 1 =	1 + 1 =	2 − 1 =	4 − 2 =
1 + 3 =	2 + 3 =	3 − 2 =	6 − 3 =
2 + 2 =	1 + 4 =	4 − 3 =	5 − 1 =
4 + 1 =	2 + 4 =	6 − 1 =	6 − 4 =
3 + 3 =	5 + 1 =	5 − 2 =	5 − 3 =

5 4
4 3
6

6 5
5 2
6

3
1 1
1 5

3 2
4 2
2

5

4 − ☐ = 3	3 + ☐ = 6
6 − ☐ = 0	4 + ☐ = 5
5 − ☐ = 3	2 + ☐ = 6
2 − ☐ = 1	2 + ☐ = 3

3 4 2 1
1 1 6 1

6

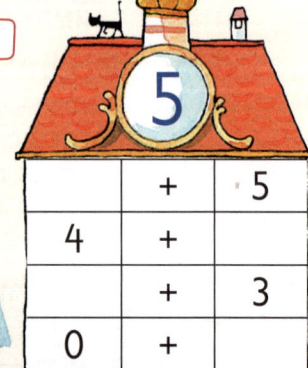

	+	5
4	+	
	+	3
0	+	

5 1
2 0

1

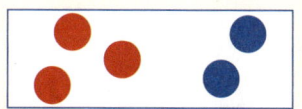
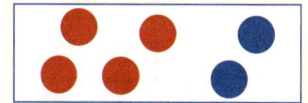

3 + ☐ = ☐   4 + ☐ = ☐   ☐ + ☐ = ☐

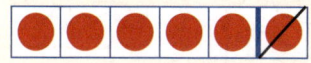

6 − 1 = ☐   6 − 4 = ☐   4 − 1 = ☐

2

3 + 2 = ☐   1 − ☐ = ☐
2 + 3 = ☐   5 − ☐ = ☐

3

3 + 1 = ☐   4 + 2 = ☐
☐ − 1 = ☐   ☐ − ☐ = ☐

4

+	2	1	3
3			
2			

−	2	4	1
6			
5			

+		2	
2	5		
3			4

5

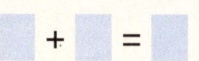 ☐ + ☐ = ☐   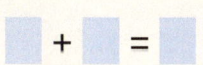 ☐ + ☐ = ☐   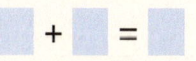 ☐ + ☐ = ☐

6

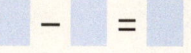 ☐ − ☐ = ☐   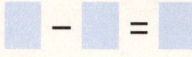 ☐ − ☐ = ☐    ☐ − ☐ = ☐

Die Zahl 7

7 🎲 🎲 so auch: 🎲 🎲 ✋ ✋

1

2

7   7   7   7

3

3	4

7
| 2 | |

7
| 4 | |
| 4 | | |

4

7   7   7   7

1: Die Zahl 7 kennen lernen   2: Zerlegen der Zahl 7
3: Zahlen zu Rechenmauern finden   4: Zahlen den Mengen zuordnen; verdeckte Anzahl ermitteln   **AH** 15 | **TÜ** 17

Die Zahl 8

1

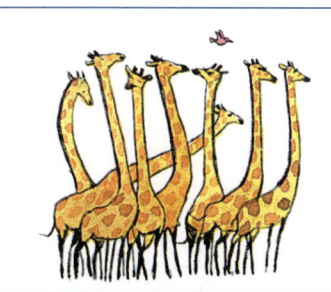  

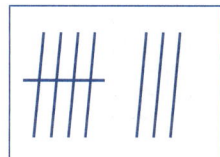

2 Wo hat sich die 8 versteckt?

3

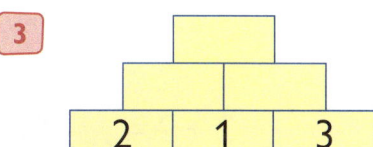 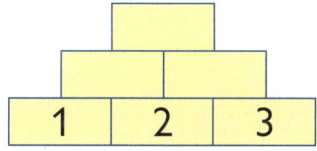 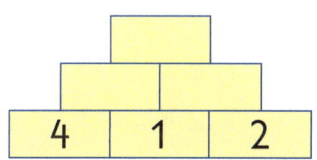

1: Die Zahl 8 kennen lernen
2: Zahl wiedererkennen, nachspuren
3: Zahlen zu Rechenmauern finden

Die Zahl 9

9   so auch:

1

Tom

Ben

Maria

2

9   9   9

   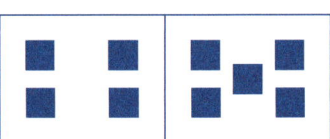   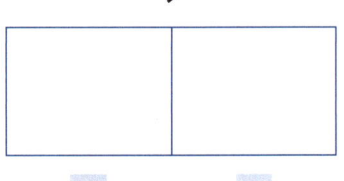

 7   2

WIEDERHOLE

$2 + 4 =$	$4 - 1 =$	$2 + 0 =$	$3 - 2 =$
$4 + 0 =$	$6 - 5 =$	$5 - 2 =$	$0 + 4 =$
$0 + 5 =$	$5 - 3 =$	$3 - 1 =$	$6 - 2 =$
$5 + 1 =$	$6 - 0 =$	$1 + 5 =$	$2 + 2 =$

1 und 2: Zerlegen der Zahl 9
W: Addieren und Subtrahieren bis 6

AH 16 | **TÜ** 18

Die Zahl 10

10 so auch:

1

10   10   10

5   4

2

1   3   6

WIEDERHOLE

	4	
4	+	
3	+	
2	+	
1	+	
0	+	

	5	
	+	4
	+	3
	+	2
	+	1
	+	0

	6	
	+	5
2	+	
	+	1
6	+	
	+	3

1: Zerlegen der Zahl 10
2: Fehlende Zahlen nennen und ergänzen
W: Addieren bis 6 mit wechselndem Platzhalter

Vergleichen der Zahlen von 0 bis 10

<	=	>	**MERKE DIR**
ist kleiner als	ist gleich	ist größer als	

1

2

3

4
4 ◯ 7
8 ◯ 6
10 ◯ 9
9 ◯ 10

5
6 ◯ 9
▦ ◯ 9
▦ ◯ 9
▦ ◯ 9

6
4 + 2 ◯ 7
8 + 0 ◯ 0 + 8
10 ◯ 6 + 3
8 ◯ 4 + 4

7
9 − 7 ◯ 3
7 − 5 ◯ 6 − 4
8 ◯ 10 − 3
4 ◯ 2 − 2

8

8 6 7 4 9 5 10 3

3 < 5
◻ < ◻
◻ < ◻
◻ < ◻

9

10 2 7 6 3 8 5 9

◻ > ◻
◻ > ◻
◻ > ◻
◻ > ◻

40

1 bis 3: Zahlen zuordnen und vergleichen
4 bis 7: Zahlen/Summen/Differenzen vergleichen
8 und 9: Zahlen auswählen und vergleichen

AH 17 | TÜ 19

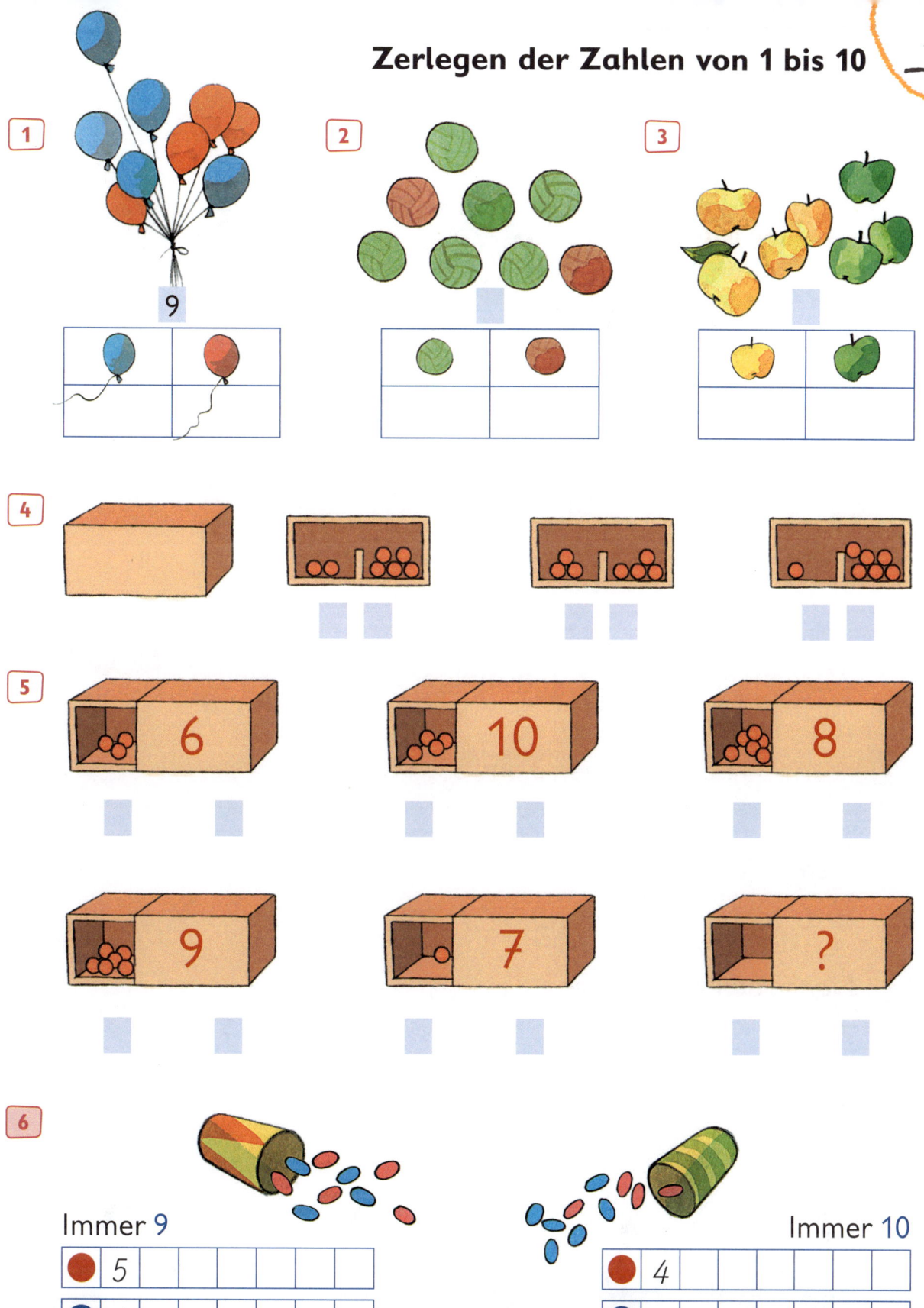

1 9

2

3

4

5 6   10   8

9   7   ?

6

Immer 9

🔴 5					
🔵 4					

Immer 10

🔴 4					
🔵 6					

Vorgänger und Nachfolger

1

| 1 | 1+1=2 | 2+1 | 3+1 | 4+1 | 5+1 | 6+1 | 7+1 | 8+1 | 9+1 |

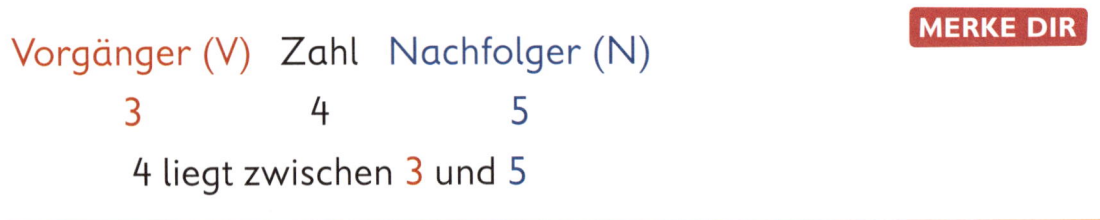

Vorgänger (V)   Zahl   Nachfolger (N)

3   4   5

4 liegt zwischen 3 und 5

2 Nenne den Vorgänger.

   6 | 2 | 10 | 8 | 9 | 5 | 6

3 Nenne den Nachfolger.

7 | 9 | 5 | 6 | 3 | 1 | 8

4 Nenne den Vorgänger und den Nachfolger von:

   5 | 9 | 6 | 2 | 7

5

42
1: Die Begriffe „Vorgänger" und „Nachfolger" kennen lernen; Nachfolger bestimmen
2 bis 5: Vorgänger und Nachfolger bestimmen
AH 19 | TÜ 19

1

2

Vor-gänger (V)	Zahl	Nach-folger (N)
	4	
	7	
	9	
	8	
	5	

3

V	Z	N
6		
8		
4		
7		
3		
5		

4

V	Z	N
	3	
7		
		10
	6	
4		
		8

5 7   5   8   3   8   4

6
5 6   8 9   7   10   3   5

1   4   6   9   2   5   8

WIEDERHOLE

1. Zähle weiter bis 10. 2. Zähle rückwärts bis 1. 3. Zähle von
   3, 4, 5, …   7, 6, …   4 bis 8.

4. Setze das richtige Zeichen: < = >.

   5 ⬤ 2   7 ⬤ 9   10 ⬤ 8   6 ⬤ 8   4 ⬤ 2   7 ⬤ 7

   6 ⬤ 5 + 1   4 ⬤ 2 + 2   3 + 3 ⬤ 5   1 + 1 ⬤ 3

1: Fehlende Zahlen zuordnen   2 bis 4: Vorgänger und Nachfolger in Tabellen eintragen
5 und 6: Zahlenfolgen vervollständigen
W: 1 bis 3: Zählen   4: Relationszeichen setzen; Zahlen mit Summen vergleichen   AH 19 | TÜ 19   43

Der Zahlenstrahl

1 Erfinde Zahlenreime.

> 1, 2, 3 –
> der Turm ist frei

> 0, 1, 2, 3, 4, 5, 6, 7,
> wo ist nur der Tom
> geblieben?

> 0, 1, 2, 3, 4, 5 –
> wo sind meine
> Strümpf?

> 0, 1, 2, 3 –
> im Wasser schwimmt
> ein Hai

2 Zeige am Zahlenstrahl:

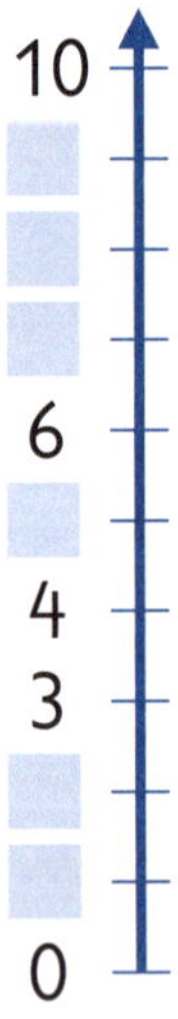

0   5   10

– Den Vorgänger von 8, 1, 3, 10, 5

– Den Nachfolger von 9, 6, 3, 0

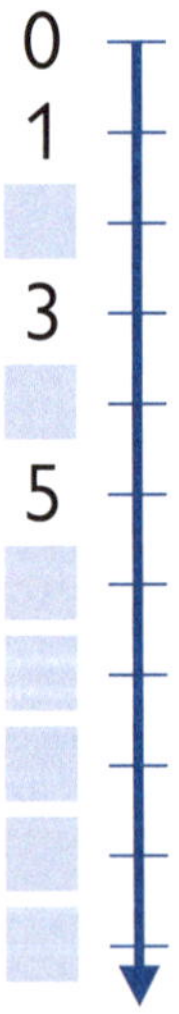

Welche Zahlen fehlen auf dem Zahlenstrahl?
Schreibe sie auf.

3 10 · · · 6 · 4 3 · 0

4 0 1 · 3 · 5 · · · · ·

5

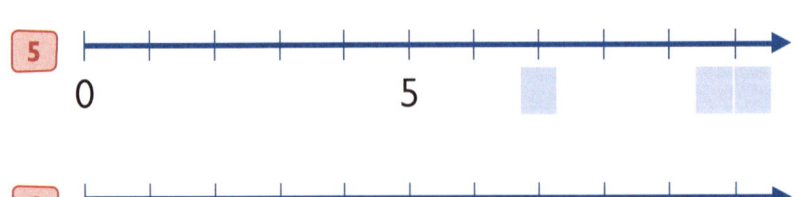

0   5   ▢   ▢ ▢   ▢ < ▢

6

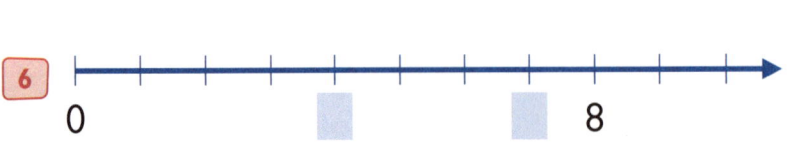

0   ▢   ▢   8   ▢ > ▢

2: Zahlen am Zahlenstrahl zeigen
3 und 4: Fehlende Zahl nennen
5 und 6: Zahlen nennen und vergleichen

Nach →rechts oder nach ←links?

1. von der 6 zur 8 [2] — nach →_____

2. von der 1 zur 9 [ ] — nach _____

3. von der 10 zur 5 [ ] — nach _____

4. von der 7 zur 4 [ ] — nach _____

5. v on der 3 zur 0 [ ] — nach _____

Zeichne einen Zahlenstrahl. Trage die Zahl 7 rot an.

6. Trage alle Zahlen, die größer als 7 sind, blau an.

7. Trage alle Zahlen, die kleiner als 7, aber größer als 3 sind, gelb an.

2 Kästchen sind eine Einheit.

Welche Zahl steht da?

8. Rechts von der 6 steht die [ ].

9. Links von der 5 steht die [ ].

10. Rechts von der 0 steht die [ ].

11. Zwischen der 7 und der 9 steht die [ ].

1 bis 5: Anzahl der Schritte und Richtung angeben
6 und 7: Zahlenstrahl zeichnen, Zahlen antragen
8 bis 11: Zahlen angeben

AH 20 | TÜ 19   45

Ordnungszahlen

1

1.	2.	3.	4.	5.	6.	7.	8.	9.	10.

2

					4.	3.		

3

	2.			6.

4

5

1

3. ☐ ☐ ☐ ☐ 2. ☐ ☐ ☐ ☐

2

3

☐ ☐ ☐ ☐ ☐

☐ ☐ ☐ ☐ ☐

1: Ordnungszahlen zuordnen   2: Ordnungszahlen zuordnen und Begriffe „über", „unter", „zwischen",
„neben", „rechts", „links" verwenden   3: Reihenfolge bestimmen   **AH** 21 | **TÜ** 20   47

Addieren bis 10

$3 + 3 = $ ☐   ☐ $+$ ☐ $= 7$

2 Lege und rechne.

   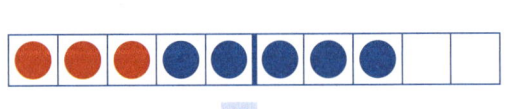

$6 + 2 = $ ☐ $3 + $ ☐ $= 8$

Lege und rechne.

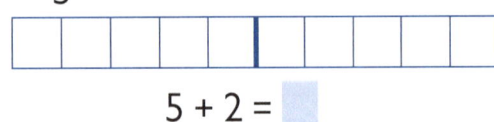   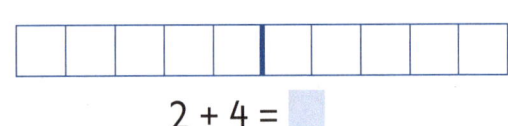

$5 + 2 = $ ☐ $2 + 4 = $ ☐

3 Rechne.

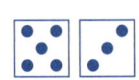

$5 + 3 = $ ☐

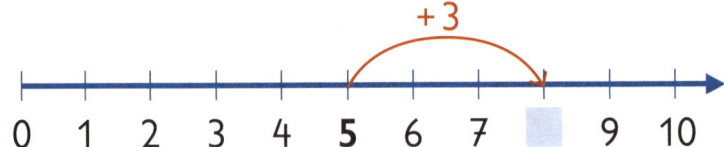

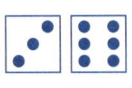

$3 + $ ☐ $= $ ☐

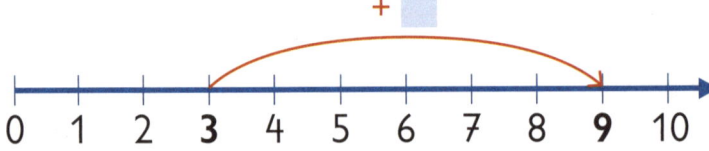

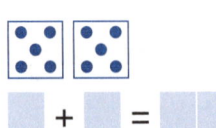

☐ $+$ ☐ $= $ ☐☐

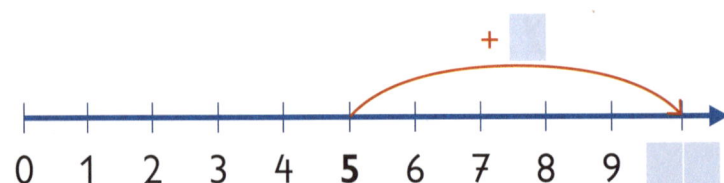

1 Rechne.

4 + 3 = ☐   2 + ☐ = ☐   ☐ + ☐ = ☐   ☐ + ☐ = ☐

2 2 + 4 = ☐
3 + 4 = ☐
4 + 4 = ☐
5 + 4 = ☐
6 + 4 = ☐

3 4 + 5 = ☐
3 + 5 = ☐
2 + 5 = ☐
1 + 5 = ☐
0 + 5 = ☐

4 3 + 3 = ☐
3 + 4 = ☐
3 + 5 = ☐
3 + ☐ = ☐
☐ + ☐ = ☐

5 7 + 0 = ☐
6 + 1 = ☐
5 + 2 = ☐
4 + ☐ = ☐
☐ + ☐ = ☐

6 3 + 4 = ☐
2 + 6 = ☐
8 + 2 = ☐
1 + 4 = ☐
5 + 3 = ☐

7 6 + 2 + 1 = ☐
3 + 4 + 1 = ☐
2 + 2 + 2 = ☐
4 + 3 + 3 = ☐
1 + 3 + 6 = ☐

8 4 + 1 + ☐ = 10
☐ + 2 + 2 = 8
5 + 3 + ☐ = 10
3 + 3 + ☐ = 9
6 + ☐ + 2 = 9

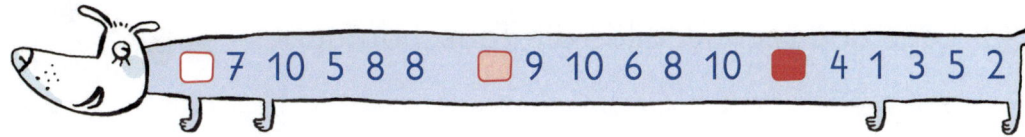

☐ 7 10 5 8 8   ☐ 9 10 6 8 10   ■ 4 1 3 5 2

9 Immer 10. Lege und rechne.

 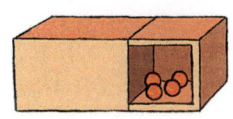 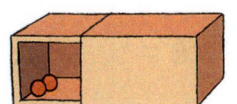 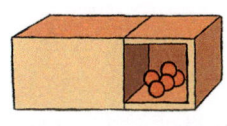

7 + ☐ = 10   ☐ + 4 = 10   ☐ + ☐ = ☐   ☐ + ☐ = ☐

10 Die Summe ist 9. Ein Summand ist 6. Wie heißt der zweite Summand?

WIEDERHOLE

3 + 2 = ☐   3 + 2 = ☐   4 + ☐ = ☐   6 + 1 = ☐
2 + 3 = ☐   2 + ☐ = ☐   0 + ☐ = ☐   ☐ + ☐ = ☐

1: Aufgaben zuordnen und lösen   2 bis 8: Summe und Summanden bestimmen   9: Aufgaben zuordnen
und lösen   10: Begriffe „Summe" und „Summand" verstehen; Aufgabe finden und lösen
W: Aufgabe und Tauschaufgabe erkennen und lösen

AH 22 | TÜ 21–22   49

Tauschaufgaben

1

Ich rechne
3 + 4

Ich rechne
4 + 3

Ich rechne
2 + 6

Ich rechne
6 + 2

☐ + ☐ = ☐   ☐ + ☐ = ☐
☐ + ☐ = ☐   ☐ + ☐ = ☐

MERKE DIR

Die **Summanden** kannst du vertauschen.
Die Summe bleibt gleich.

---

2 Lege und rechne. Bilde die Tauschaufgabe.

2 + 5 = ☐   1 + 6 = ☐   3 + 5 = ☐   2 + 7 = ☐   3 + 6 = ☐

3 Rechne und bilde die Tauschaufgabe.

4 + 5 = ☐   2 + 6 = ☐   0 + 7 = ☐   1 + 8 = ☐   3 + 7 = ☐☐

Rechne. Kontrolliere selbst.

4 6 + 4 = ☐☐   **5** 2 + 6 = ☐   **6** ☐ + ☐ = 7
    4 + 6 = ☐☐   ☐ + ☐ = ☐   ☐ + ☐ = ☐

                          ☐ 8   10
                            8   9
    3 + 5 = ☐☐   5 + 2 = ☐   10   9   ☐ + ☐ = 9
    5 + 3 = ☐☐   ☐ + ☐ = ☐   ☐ 8   7   ☐ + ☐ = ☐
                          8   6

    1 + 8 = ☐☐   6 + 0 = ☐   7   6   ☐ + ☐ = 10
    8 + 1 = ☐☐   ☐ + ☐ = ☐   ☐ + ☐ = ☐

1: Situationen beschreiben; Tauschaufgaben erkennen und lösen
2: Aufgaben legen und rechnen; Tauschaufgaben bilden   3: Tauschaufgabe finden und im Heft rechnen
50   4 und 5: Rechnen und selbst kontrollieren   6: Verschiedene Lösungen finden   **AH** 23 | **TÜ** 22

1 Welche Aufgaben haben das gleiche Ergebnis? Begründe.

| 3 + 1 | 1 + 7 | 4 + 3 | 1 + 9 | 3 + 4 | 6 + 3 |

| 3 + 6 | 4 + 5 | 1 + 3 | 7 + 1 | 9 + 1 | 5 + 4 |

2 Berechne die Summen. Was stellst du fest?

| 3 + 7 | 4 + 5 | 1 + 6 | 2 + 8 | 3 + 4 | 7 + 0 |
| 7 + 3 | 5 + 4 | 6 + 1 | 8 + 2 | 4 + 3 | 0 + 7 |

3 Schreibe zu jeder Aufgabe die Tauschaufgabe auf.
Löse alle Aufgaben.

| 3 + 4 | 5 + 4 | 1 + 9 | 2 + 5 | 6 + 3 | 0 + 6 |
| 1 + 6 | 2 + 7 | 2 + 4 | 3 + 2 | 2 + 8 | 10 + 0 |

4
6 + ☐ = 9
3 + ☐ = 9
4 + ☐ = 7
2 + ☐ = 7
4 + ☐ = 8

5
☐ + 3 = 8
☐ + 6 = 8
☐ + 4 = 9
☐ + 5 = 9
☐ + 3 = 6

6
3 + ☐ = 7
☐ + 5 = 8
☐ + 6 = 9
4 + ☐ = 10
☐ + 1 = 6

☐ 5 4 3 3 6
☐ 4 5 2 5 3
  3 4 6 5 3

7

8
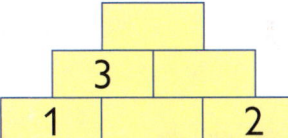

9
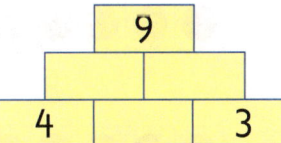

WIEDERHOLE

Wahr oder falsch?
6 ist der Vorgänger von 7.
0 ist der Vorgänger von 1.

7 ist der Nachfolger von 8.
6 liegt zwischen 5 und 7.

1: Aufgabenpaare erkennen   2: Begriff „Summe" verstehen; Gleichheit der Ergebnisse erkennen
3: Tauschaufgaben finden, Aufgaben und Tauschaufgaben lösen und selbstständig kontrollieren
4 bis 6: Addieren   7 bis 9: Rechenmauern lösen   W: Wahrheitsgehalt prüfen   **AH** 23 | **TÜ** 22   51

Subtrahieren bis 10

1

MERKE DIR

Minuend		Subtrahend		Differenz
7	–	6	=	1

Differenz

2

8   –   1   =

7   –   6   =

---

3 Lege und rechne.

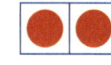

8 – 4 =

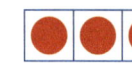
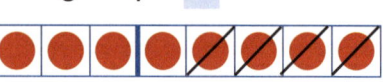

☐ – ☐ = ☐

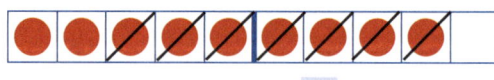
9 – 7 =

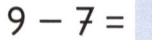

☐ – ☐ = ☐

---

4 10 – 2 = ☐
6 – 3 = ☐
4 – 4 = ☐

5 8 – 4 = ☐
7 – 5 = ☐
9 – 6 = ☐

6 9 – 5 = ☐
6 – 5 = ☐
10 – 8 = ☐

0	2	3
8	3	1
2	4	4

52

1: Subtraktionsaufgaben im Bild finden und lösen   2: Subtraktionsaufgaben lösen
3: Subtraktionsaufgaben finden, legen und lösen   4 bis 6: Subtraktionsaufgaben evtl. legen und lösen   **AH** 24 | **TÜ** 23

1

☐☐ − ☐ = ☐   ☐ − ☐ = ☐   ☐ − ☐ = ☐

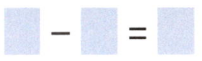

$$10 - 3 = 7$$

$$9 - 4 = \boxed{}$$

$$8 - \boxed{} = 4$$

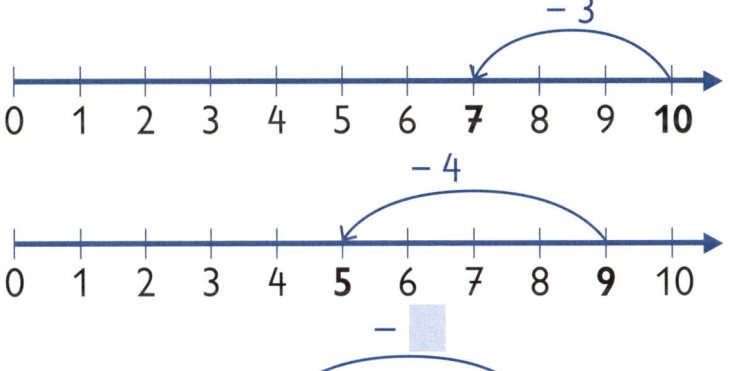

Rechne und kontrolliere selbst.

2
$7 - 6 = \boxed{}$
$10 - 8 = \boxed{}$
$9 - 4 = \boxed{}$
$8 - 6 = \boxed{}$
$5 - 4 = \boxed{}$

3
$5 - \boxed{} = 1$
$9 - \boxed{} = 5$
$10 - \boxed{} = 4$
$3 - \boxed{} = 1$
$7 - \boxed{} = 2$

4
$\boxed{} - 3 = 5$
$\boxed{} - 4 = 1$
$\boxed{} - 6 = 2$
$\boxed{} - 8 = 1$
$\boxed{} - 5 = 5$

☐ 5 1 2 1 2

☐ 2 4 6 5 4

☐ 8 10 5 9 8

5
$6 \xrightarrow{-4} \boxed{}$ $9 \xrightarrow{-4} \boxed{}$ **6** $\boxed{} \xrightarrow{-5} 3$ $7 \xrightarrow{-\boxed{}} 5$

$5 \xrightarrow{-3} \boxed{}$ $10 \xrightarrow{-4} \boxed{}$ $\boxed{}\boxed{} \xrightarrow{-5} 5$ $9 \xrightarrow{-\boxed{}} 7$

7

10

7	

3	

8

9

6	

9

8

---

1 bis 4: Subtraktionsaufgaben finden und lösen
5 und 6: Rechenbefehle ausführen
7 bis 9: Addition bzw. Subtraktion anwenden

Umkehraufgaben

1

$10 - 2 =$ ☐ $8 + 2 =$ ☐☐

2 Lege und rechne die Aufgabe und die Umkehraufgabe.

$9 - 3 =$ ☐ $7 - 5 =$ ☐ $10 - 4 =$ ☐☐ $3 + 4 =$ ☐
$6 + 3 =$ ☐ $2 + 5 =$ ☐   ☐ $+ 4 =$ ☐☐   ☐ $- 4 =$ ☐

$2 + 5 =$ ☐ $8 - 4 =$ ☐ $10 - 9 =$ ☐☐ $2 + 6 =$ ☐
☐ $- 5 =$ ☐   ☐ $+$ ☐ $=$ ☐   ☐ $+$ ☐ $=$ ☐☐   ☐ $-$ ☐ $=$ ☐

3

| | |
|2|3|1|

4

| 6 | |
|3| |1|

5 Bilde selbst
Rechenmauern.

| 2 | 7 | 1 |
| 6 | 1 | 9 |

6

+	2	3	4
6			
3			
5			

7

−	3	6	7
8			
9			
7			

8

+	5	1	6
	9		
3			
		3	

☐ 8 5 9 7 10 9 6 7 8 5 2 6 4 1 3 2 1 0
🔴 4 7 5 8 2 10 4 9 8

Rechne. Kontrolliere mit der Umkehraufgabe.

9 $4 + 5 =$ ☐ $10 - 4 =$ ☐   **10** $2 +$ ☐ $= 9$ $1 + 4 =$ ☐☐
$6 + 3 =$ ☐ $9 - 5 =$ ☐   ☐ $- 8 = 2$ $9 - 8 =$ ☐
$1 + 7 =$ ☐ $8 - 5 =$ ☐ $6 - 6 =$ ☐ $4 + 6 =$ ☐☐
$4 + 3 =$ ☐ $3 - 0 =$ ☐ $5 +$ ☐ $= 9$ $10 - 0 =$ ☐☐

54

1 und 2: Aufgabe und Umkehraufgabe finden, aufschreiben und lösen
3 bis 5: Rechenmauern lösen   6 bis 8: Rechentabellen lösen
9 und 10: Aufgabe und Umkehraufgabe lösen

AH 25 | TÜ 23

1 Rechne und ordne zu.

| 7 − 4 | 1 + 3 | 8 − 5 | 1 + 6 | 8 − 4 | 8 − 2 |

| **3** | **6** | **4** | **7** |

| 0 + 7 | 2 + 4 | 10 − 3 | 10 − 6 | 1 + 2 | 9 − 6 |

2

8
2 + 6
7 + ☐
8 + ☐
5 + ☐
4 + ☐

6
6 + ☐
☐ + 1
☐ + ☐
☐ + ☐
☐ + ☐

3
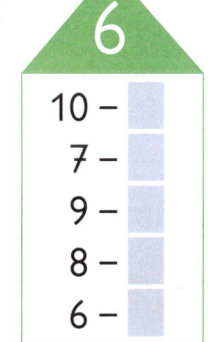

6
10 − ☐
7 − ☐
9 − ☐
8 − ☐
6 − ☐

2
9 − 7
☐ − 6
☐ − ☐
☐ − ☐
☐ − ☐

4
$4 \xrightarrow{+6} 10$ $10 \xrightarrow{-4} 6$

$8 \xrightarrow{+☐} 10$ $8 \xrightarrow{-☐} 4$

$3 \xrightarrow{+☐} 8$ $3 \xrightarrow{-☐} 0$

5
 $9 \longrightarrow 5$  $7 \longrightarrow 1$

 $4 \longrightarrow 10$  $4 \longrightarrow 9$

 $1 \longrightarrow 7$ $7 \longrightarrow 2$

6
3 + 2 + 4 = ☐
1 + 3 + 4 = ☐
2 + 1 + 5 = ☐
6 + 2 + 2 = ☐
4 + 3 + 3 = ☐

7
3 + 2 + ☐ = 10
2 + 1 + ☐ = 9
3 + 3 + ☐ = 9
1 + 2 + ☐ = 5
3 + 2 + ☐ = 7

8
3 + ☐ + 4 = 10
2 + 3 + ☐ = 9
1 + ☐ + 4 = 7
2 + 2 + ☐ = 6
1 + ☐ + 3 = 10

 10 8 9 8 10   3 6 2 5 2   3 2 6 2 4

1: Aufgaben den Lösungskästen zuordnen   2 und 3: Rechenhäuser lösen
4 und 5: Rechenbefehle: Rechenzeichen und Lösungen finden
6 bis 8: Aufgaben mit drei Summanden lösen   AH 26 | TÜ 24   55

Addieren und Subtrahieren – Aufgabenfamilien

Immer 2 Aufgaben mit + und 2 Aufgaben mit − gehören zu einer Aufgabenfamilie.

$5 + 3 = 8 \qquad 8 - 3 = 5$
$3 + 5 = 8 \qquad 8 - 5 = 3$

$2 + 3 = \square$
$3 + 2 = \square$
$5 - 3 = \square$
$5 - 2 = \square$

2 4 9 5

$\square + \square = 9$
$\square + \square = \square$
$9 - \square = \square$
$\square - \square = \square$

3 4 7 3

$\square + \square = \square$
$\square + \square = \square$
$\square - \square = \square$
$\square - \square = \square$

Bilde Aufgabenfamilien.

2 6 4

$2 + 4 = 6 \qquad 6 - 4 = 2$
$4 + 2 = 6 \qquad 6 - 2 = 4$

 3 5 8 | 3 9 6

  2 5 ● | ● 4 5

 ● ● 3 | ● 9 ●

 Tom behauptet: Mit ③, ⑤, ⑨ kann man keine Aufgabenfamilie bilden. Stimmt das? Begründe.

$7 - 3 - 2 = \square$
$9 - 6 - 2 = \square$
$8 - 4 - 4 = \square$
$6 - 3 - 1 = \square$
$5 - 2 - 2 = \square$

$10 - 4 - \square = 5$
$9 - 5 - \square = 1$
$8 - 1 - \square = 6$
$6 - 3 - \square = 1$
$7 - 3 - \square = 2$

10

$10 - \square - 3 = 4$
$6 - \square - 2 = 1$
$\square - 2 - 3 = 4$
$8 - 4 - \square = 3$
$\square - 2 - 3 = 2$

 ☐ 0 1 2 2 1   ☐ 2 3 2 1 1   ■ 9 3 1 7 3

56

1 bis 4: Aufgabenfamilien finden   5 und 6: Fehlende Zahlen finden und Aufgabenfamilien bilden
7: Nicht-Lösbarkeit begründen   8: Mit drei Zahlen addieren/subtrahieren
9 und 10: Subtrahend/Minuend finden

AH 26 | **TÜ** 25

Sachaufgaben – Rechengeschichten erzählen

⬛ ⚫ ⬛ = ⬛

⬛ ⚫ ⬛ = ⬛

⬛ ⚫ ⬛ = ⬛

⬛ ⚫ ⬛ = ⬛

⬛ ⚫ ⬛ = ⬛⬛

Gleichungen und Ungleichungen

● ● ● ● ● ● ● ● □ □   ● ● ● ● ● ● ● ● ● □   ● ● ● ● ⊘ ⊘ ⊘ □ □   ● □ □ □ □ □ □ □ □ □

	3 + 5 ◯ 9		7 − 4 ◯ 1	
wenn	8 **<** 9	wenn	3 **>** 1	
dann ist	3 + 5 **<** 9	dann ist	7 − 4 **>** 1	

1 Setze das richtige Zeichen: **<** **=** **>** .

3 + 4 ◯ 10	8 + 2 ◯ 9	7 − 0 ◯ 9	9 − 3 ◯ 6
6 + 3 ◯ 9	9 + 0 ◯ 10	10 − 3 ◯ 6	8 − 5 ◯ 2
0 + 7 ◯ 7	2 + 7 ◯ 9	9 − 1 ◯ 7	10 − 10 ◯ 1
5 + 0 ◯ 5	8 + 2 ◯ 10	7 − 7 ◯ 0	8 − 3 ◯ 4

2 Wahr **w** oder falsch **f** ?

6 + 3 < 9	10 − 4 < 5	**3** 4 + 5 > 1 + 2	2 + 5 > 8 − 4
4 + 2 > 5	9 − 0 = 9	9 − 6 = 5 − 2	9 − 6 < 3 + 2

Finde alle Lösungen.

5 + ☐ < 8
5 + 0 < 8
5 + 1 < 8
5 + 2 < 8

4
3 + ☐ < 6
6 + ☐ < 9
1 + ☐ < 7
4 + ☐ = 8

5
10 − ☐ < 7
9 − ☐ = 4
8 − ☐ > 2
10 − ☐ > 6

WIEDERHOLE

1. 3 + 4   2 + 8   2. 10 − 4   9 − 9   3. Bilde Aufgabenfamilien.
    7 + 3   5 + 5   8 − 6   6 − 3   a) 3, 5, 8   b) 10, 7, 3

4. Setze das richtige Zeichen: **<** **=** **>** .
    9 ◯ 4   7 ◯ 10   6 ◯ 6   8 ◯ 4   2 ◯ 0

5. Berechne die Differenz. Der Minuend ist 9, der Subtrahend 2.

1

10

$$3 + 2 + \square$$
$$4 + \square + \square$$
$$\square + 6 + \square$$
$$\square + \square + 2$$

2

10
+3   −5
9   **5**   +2
−3
1

3

$4 + \square < 10$	$9 - \square > 4$
$4 + \square < 10$	$9 - \square > 4$
$4 + \square < 10$	$9 - \square > 4$
$4 + \square < 10$	$9 - \square > 4$
$4 + \square < 10$	$9 - \square > 4$
$4 + \square < 10$	

4

$$8 - \square > 5$$
$$3 + \square < 7$$
$$10 + \square = 10$$
$$3 + \square < 4$$
$$6 + \square = 6$$
$$9 - \square < 4$$

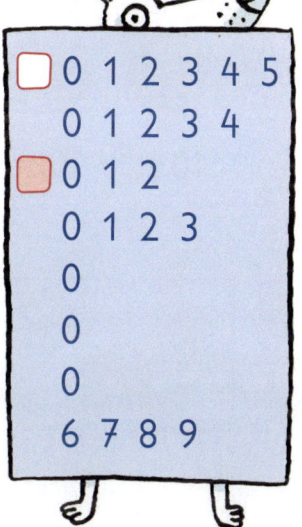

☐ 0 1 2 3 4 5
0 1 2 3 4
☐ 0 1 2
0 1 2 3
0
0
0
6 7 8 9

5 Die Summanden sind 2, 5 und 3.
Berechne die Summe.

6 Berechne die Differenz aus: | 7 und 4 | | 10 und 6 | | 9 und 9 | | 8 und 0 |.

7 4 Aufgaben – ein Ergebnis

$6 - 1 = \square$		$5 + 0 = \square$
$5 - 0 = \square$		$4 + 1 = \square$

$2 + 4 = \square$		$6 + 0 = \square$
$6 - 0 = \square$		$5 + 1 = \square$

8 Setze das richtige Zeichen: < = > .

$$6 + 3 \, \bigcirc \, 10 \qquad 8 \, \bigcirc \, 10 - 4 \qquad 3 + 4 \, \bigcirc \, 2 + 6$$
$$2 + 7 \, \bigcirc \, 9 \qquad 7 \, \bigcirc \, 9 - 1 \qquad 9 - 5 \, \bigcirc \, 3 + 2$$

1 und 2: Additions- bzw. Subtraktionsaufgaben finden und lösen   3 und 4: Platzhalter belegen
5 und 6: Begriffe verstehen; Aufgaben bilden und lösen   7: Ergebnis finden; Gleichheit feststellen
8: Relationszeichen setzen

AH 29 | **TÜ** 27–28   59

Geldwerte von 1 Cent bis 10 Cent

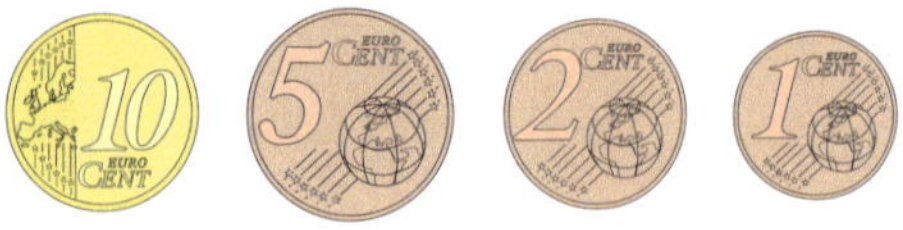

1

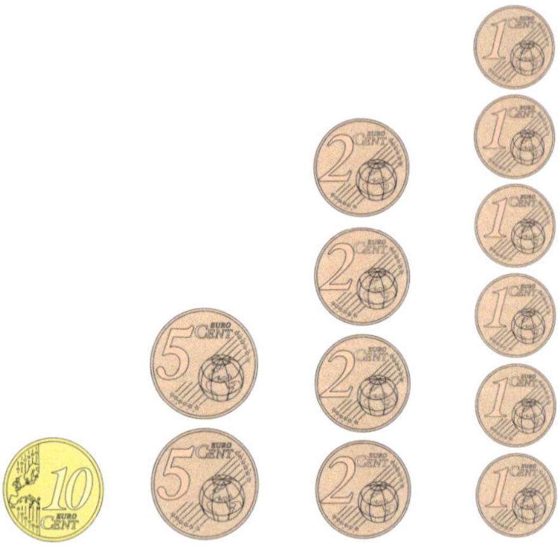

10 ct   10 ct   ▢ ct   ▢ ct

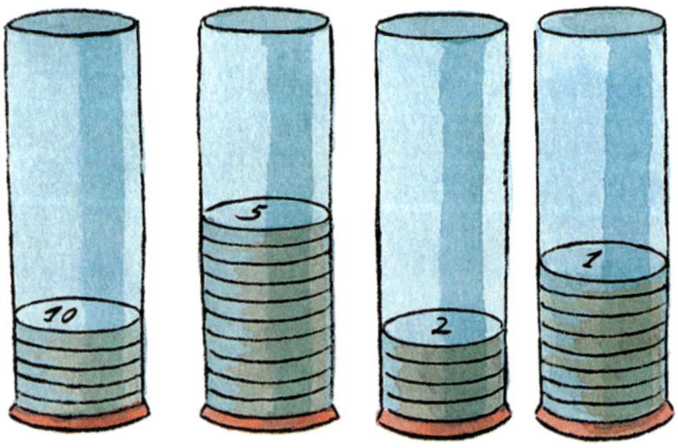

2

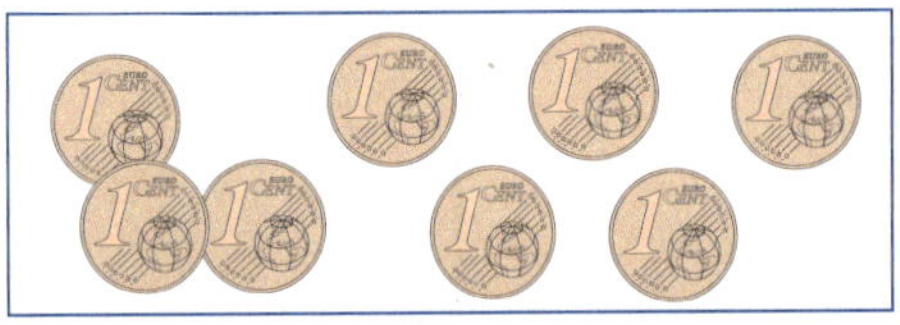

▢ ct

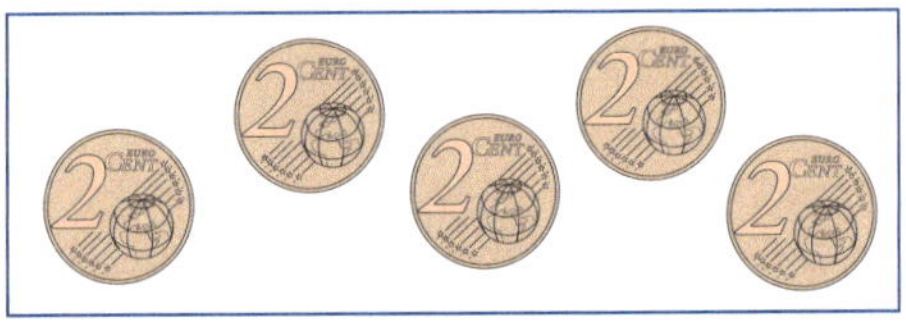

▢▢ ct

3

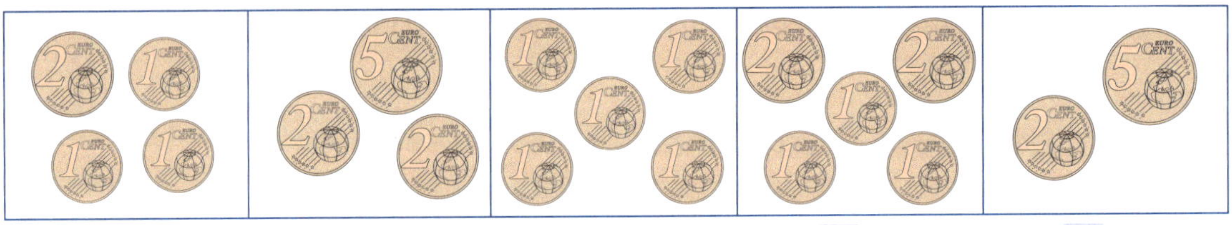

▢ ct   ▢ ct   ▢ ct   ▢ ct   ▢ ct

4

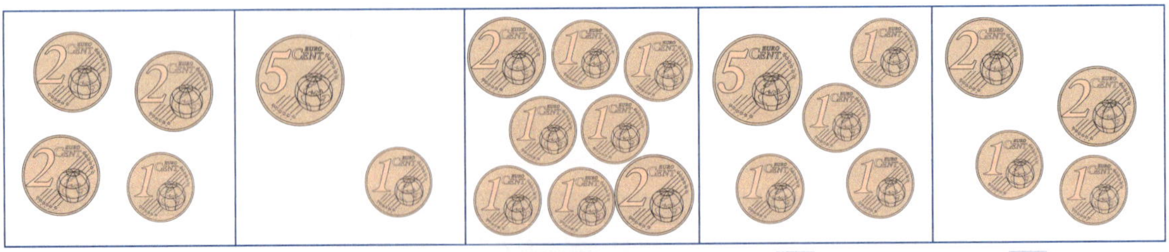

▢ ct   ▢ ct   ▢▢ ct   ▢ ct   ▢ ct

Lege die Geldbeträge mit verschiedenen Münzen.

1	
4 ct	
4 ct	
4 ct	

2	
5 ct	
5 ct	
5 ct	
5 ct	

3	
6 ct	
6 ct	
6 ct	
6 ct	
6 ct	

Lege die Geldbeträge und rechne.

4
7 ct + 2 ct = ☐ ct
3 ct + 6 ct = ☐ ct
2 ct + 8 ct = ☐ ct
5 ct + 5 ct = ☐ ct

5
7 ct + ☐ ct = 9 ct
3 ct + ☐ ct = 9 ct
2 ct + ☐ ct = 10 ct
8 ct + ☐ ct = 8 ct

10 ct	9 ct
9 ct	10 ct
0 ct	6 ct
8 ct	2 ct

6
9 ct − 4 ct = ☐ ct
8 ct − 5 ct = ☐ ct
5 ct − 1 ct = ☐ ct
10 ct − 5 ct = ☐ ct

7
10 ct − ☐ ct = 3 ct
8 ct − ☐ ct = 2 ct
7 ct − ☐ ct = 0 ct
6 ct − ☐ ct = 6 ct

3 ct	5 ct
4 ct	5 ct
6 ct	7 ct
7 ct	0 ct

8
☐ ct + 2 ct = 6 ct
☐ ct + 4 ct = 8 ct
☐ ct − 5 ct = 0 ct
☐ ct − 8 ct = 1 ct

9
2 ct + 3 ct + ☐ ct = 10 ct
2 ct + ☐ ct + 2 ct = 9 ct
10 ct − 2 ct − ☐ ct = 1 ct
8 ct − ☐ ct − 2 ct = 0 ct

☐	9 ct	4 ct
	5 ct	4 ct
■	7 ct	5 ct
	6 ct	5 ct

10 Die Summanden sind 4 ct, 3 ct und 2 ct. Berechne die Summe.

WIEDERHOLE

3 + 7 = ☐   7 + 2 = ☐   6 + 0 = ☐   9 − 0 = ☐   10 − 9 = ☐
6 + 4 = ☐   3 + 5 = ☐   1 + 8 = ☐   7 − 5 = ☐   6 − 5 = ☐

1 bis 3: Beträge mit verschiedenen Münzen legen
4 bis 9: Beträge ermitteln
10: Begriffe verstehen; Gleichung bilden und lösen

AH 30–31 | TÜ 29   61

Geldwerte von 1 Euro bis 10 Euro

1 Lege mit Rechengeld. Finde verschiedene Möglichkeiten.

3 €

oder

6 €	8 €	9 €	4 €

2 Wie viel musst du bezahlen?

 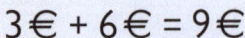        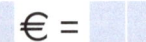

3 € + 6 € = 9 €   ☐ € + ☐ € = ☐ €   ☐ € + ☐ € = ☐ €

        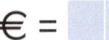

☐ € + ☐ € = ☐ €   ☐ € + ☐ € = ☐ €   ☐ € + ☐ € = ☐ €

1 Lege immer 10 Euro. Lisa legt so:

Finde andere Möglichkeiten.

2 Bezahle auf verschiedene Weise.

1€	2€	5€
4	1	/

6 €

1€	2€	5€
/	2	1

9 €

3
8 € + 1 € = ☐ €
3 € + 3 € = ☐ €
3 € + ☐ € = 8 €
1 € + ☐ € = 5 €
5 € + ☐ € = 10 €

4
7 € − 4 € = ☐ €
9 € − 6 € = ☐ €
6 € − ☐ € = 3 €
10 € − ☐ € = 6 €
3 € − ☐ € = 3 €

4€ 6€ 5€
9€ 5€
3€ 4€ 3€
0€ 3€

5
☐ € + 2 € = 9 €
☐ € + 4 € = 5 €
☐ € + 3 € = 10 €

☐ € − 6 € = 4 €
☐ € − 9 € = 1 €
☐ € − 6 € = 0 €

1€ 7€
7€ 6€
10€ 10€

6 Was kannst du für 10 € kaufen?

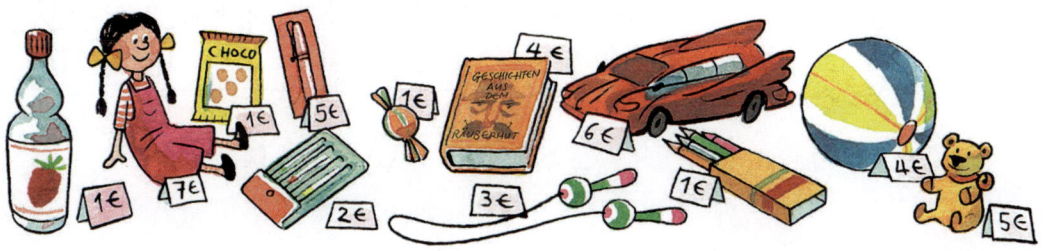

Würfel, Quader, Kugel

1

Welche dieser Gegenstände haben diese Formen?

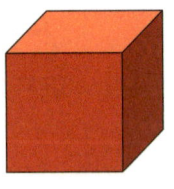

Würfel   Quader   Kugel

2 Forme diese Körper aus Knete.

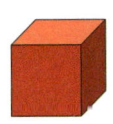

3 Welche Körper
  – können gestapelt werden,
  – können stehen und kippen,
  – können rollen?
Probiere es aus.

1: Gegenstände als „Würfel", „Quader" oder „Kugel" identifizieren
2: Körper aus Knete formen
3: Eigenschaften der Körper durch handelndes Tätigsein finden

AH 34 | TÜ 31

Baue nach und zähle.

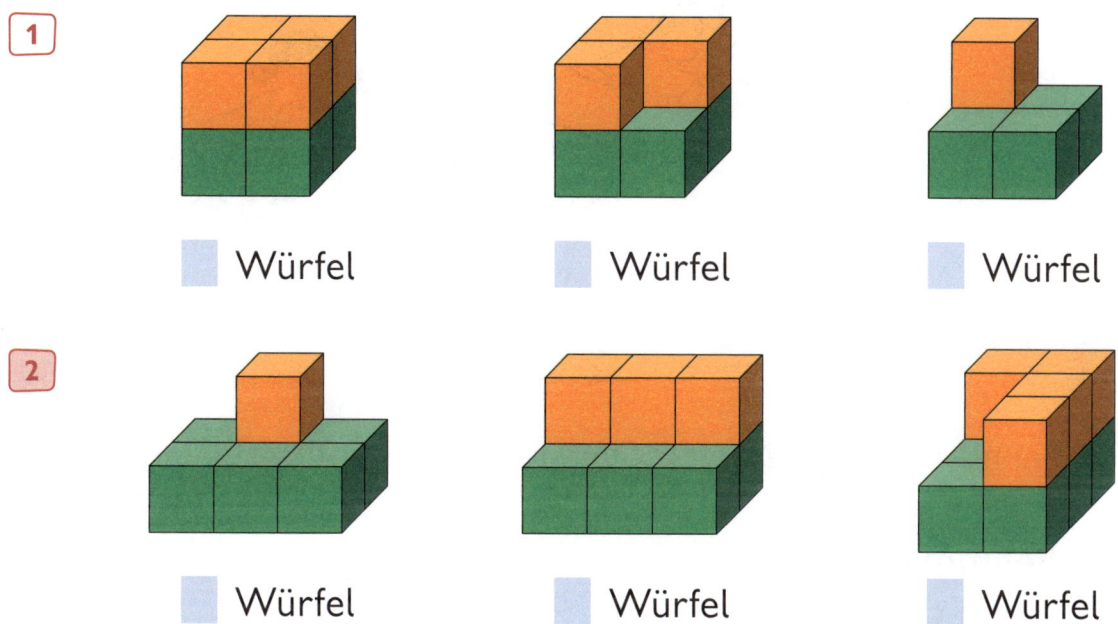

1

☐ Würfel ☐ Würfel ☐ Würfel

2

☐ Würfel ☐ Würfel ☐ Würfel

3 Baue immer mit 9 Würfeln fünf verschiedene Würfelbauten.

4 Schreibe die Baupläne.

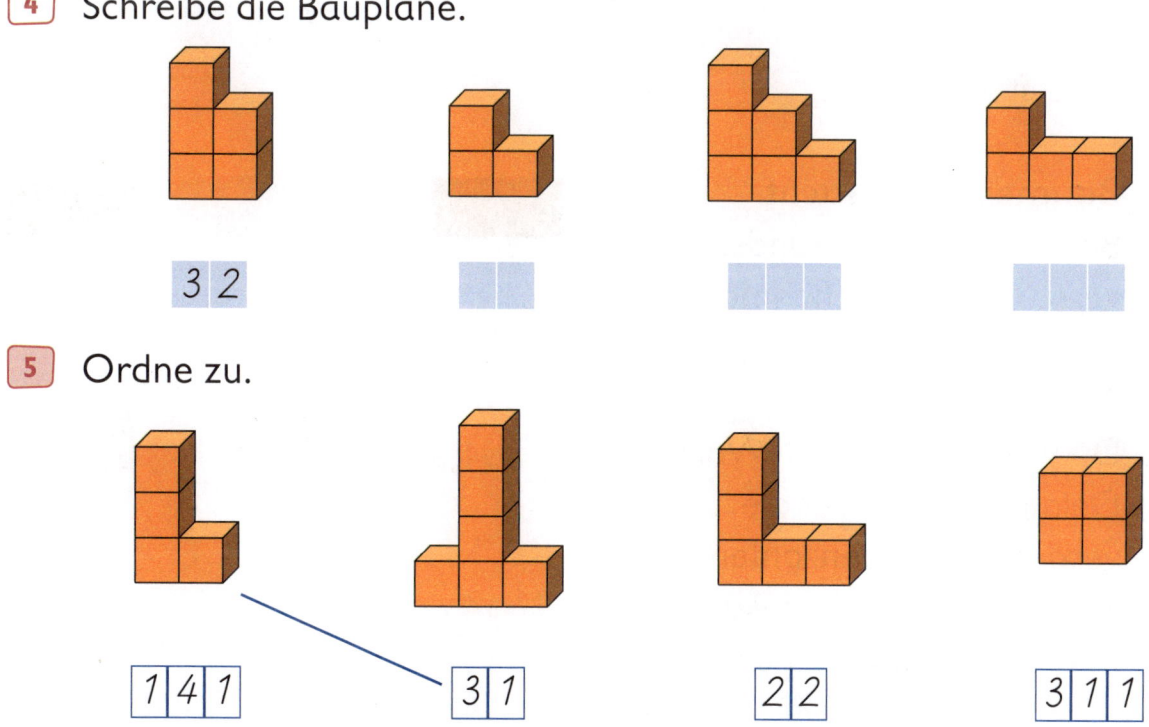

| 3 | 2 | | ☐ | ☐ | | ☐ | ☐ | ☐ | | ☐ | ☐ | ☐ |

5 Ordne zu.

| 1 | 4 | 1 | | 3 | 1 | | 2 | 2 | | 3 | 1 | 1 |

1 bis 2: Würfelbauten nachbauen und Anzahl der Würfel bestimmen
3: Fünf unterschiedliche Würfelbauten bauen, dazu neun Würfel verwenden
4: Baupläne erstellen   5: Baupläne den Würfelbauten zuordnen, evtl. selbst erstellen

AH 35 | **TÜ** 31   65

1 Zählreime
Erfinde Zählreime.
Beispiel:

1, 2, 3, 4 –
Ich bin hier.

6, 5, 4, 3 –
Du bist dabei.

3, 4, 5, 6 – …   7, 8, 9, 10 – …   4, 3, 2, 1 – …   5, 4, 3, 2 – …

2 Du nennst eine Zahlenfolge. Dein Partner findet dazu einen Reim.

3 Rechenmauern
Berechnet den Zielstein.

Du rechnest:

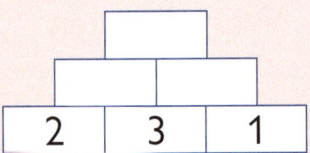

| 2 | 3 | 1 |

Dein Partner rechnet:

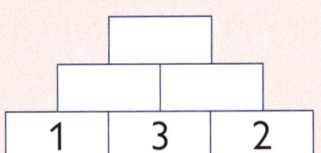

| 1 | 3 | 2 |

Was stellt ihr fest?

4 Baumeister gesucht
Baut mit diesen Grundsteinen
verschiedene Rechenmauern.

1   2   4

5 Aufgaben würfeln
Du würfelst mit zwei Würfeln.
Dein Partner nennt die
verdeckten Augenzahlen.
Du bildest dazu eine Aufgabe
mit + und eine Aufgabe mit – .

Beispiel:

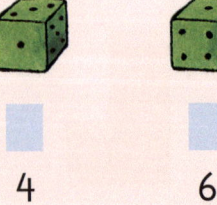

4   6

$4 + 6 = 10$ $6 - 4 = 2$

Zehn gewinnt

1 Zwei Kinder ziehen abwechselnd eine Karte. Wer zuerst die Summe 10 bilden kann, hat gewonnen.

Zahlzerlegung

2 Ein Kind zeigt eine Zahlenkarte. Die anderen Kinder zeigen mögliche Zahlzerlegungen.

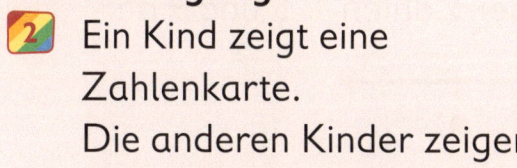

Bauen mit Würfeln

3 Du baust mit 5 (6, 7, 8) Würfeln einen Würfelbau. Dein Partner baut ihn nach.

Bingo

4 Jedes Kind erhält ein Bingofeld. Der Spielleiter zeigt eine Aufgabenkarte. Die Kinder lösen diese Aufgabe und decken die Lösungszahl auf ihrem Bingofeld mit einem Plättchen zu. Gewonnen hat, wer zuerst drei nebeneinanderstehende Zahlen abgedeckt hat. Er ruft: „Bingo!"

2	7	5
9	3	8
4	6	10

9	3	6
2	1	8
4	7	5

10	6	3
5	2	7
9	4	1

8 + 1   2 − 1
7 − 2   4 + 3
4 + 0   10 − 7   5 + 5
3 + 3   10 − 2   4 − 2

1: Summen mit zwei und mehr Summanden bilden. Inklusion: AB 1/B, S. 20   2: Zahlen zerlegen
3: Würfelbauten mit der gegebenen Anzahl von Würfeln bauen   4: Bingo nach Anleitung spielen

67

Kann ich das schon?

1 Setze das richtige Zeichen: < = > .

7 ◯ 3	3 + 1 ◯ 4	3 ct ◯ 5 ct	3 € + 2 € ◯ 5 €
0 ◯ 2	7 + 2 ◯ 8	10 ct ◯ 9 ct	6 € + 3 € ◯ 10 €
8 ◯ 9	6 – 3 ◯ 3	4 ct ◯ 2 ct	9 € – 6 € ◯ 3 €
5 ◯ 4	8 – 5 ◯ 4	7 ct ◯ 5 ct	10 € – 5 € ◯ 5 €

2 Gib die Vorgänger und Nachfolger der Zahlen 1, 5 und 9 an.

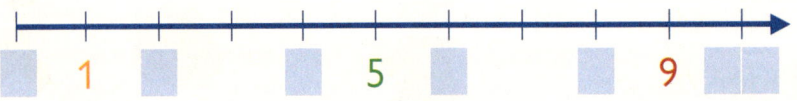

3

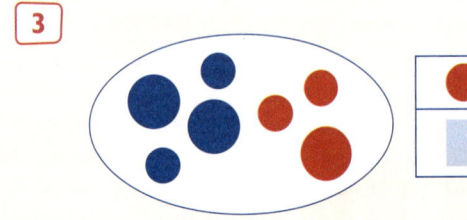 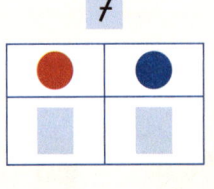  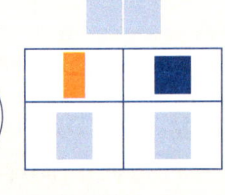

4

7 + 2 = ▨▨	10 – 7 = ▨	5 + ▨ = 10	10 – ▨ = 6
6 + 4 = ▨▨	9 – 6 = ▨	3 + ▨ = 8	9 – ▨ = 2
2 + 8 = ▨▨	8 – 8 = ▨	4 + ▨ = 9	7 – ▨ = 0
10 + 0 = ▨▨	7 – 4 = ▨	▨ + 4 = 10	▨ – 4 = 4
5 + 5 = ▨▨	10 – 5 = ▨	▨ + 3 = 6	▨ – 6 = 3

5

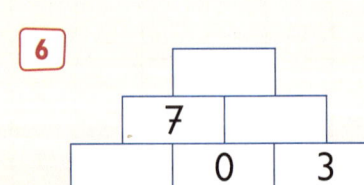

6

7

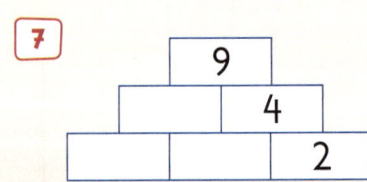

68

1

5 + 1 + 2 = ▢	6 + 2 + ▢ = 9	8 − 3 − 4 = ▢	7 − ▢ − 4 = 1
4 + 2 + 2 = ▢	2 + 2 + ▢ = 8	7 − 2 − 5 = ▢	8 − ▢ − 1 = 4
1 + 6 + 2 = ▢	4 + 3 + ▢ = 9	9 − 1 − 6 = ▢	9 − ▢ − 4 = 2

2 Bilde Aufgabenfamilien.

3 Wahr **w** oder falsch **f** ?

4 + 3 < 9	10 − 3 = 6	4 + 3 > 2 + 5	7 − 3 > 2 + 3
3 + 5 = 8	9 − 8 > 2	9 − 3 < 10 − 6	4 + 5 < 6 + 4

4 Finde alle Lösungen.

2 + ▢ < 4	10 − ▢ < 7	5 + ▢ > 8	10 − ▢ > 8
7 + ▢ < 10	6 − ▢ < 1	3 + ▢ > 7	6 − ▢ > 3

5 Aufgabe und Umkehraufgabe gesucht

6 Wie viele Würfel sind es? Baue nach.

▢ Würfel   ▢ Würfel   ▢ Würfel   ▢ Würfel

Die Zahlen von 11 bis 20

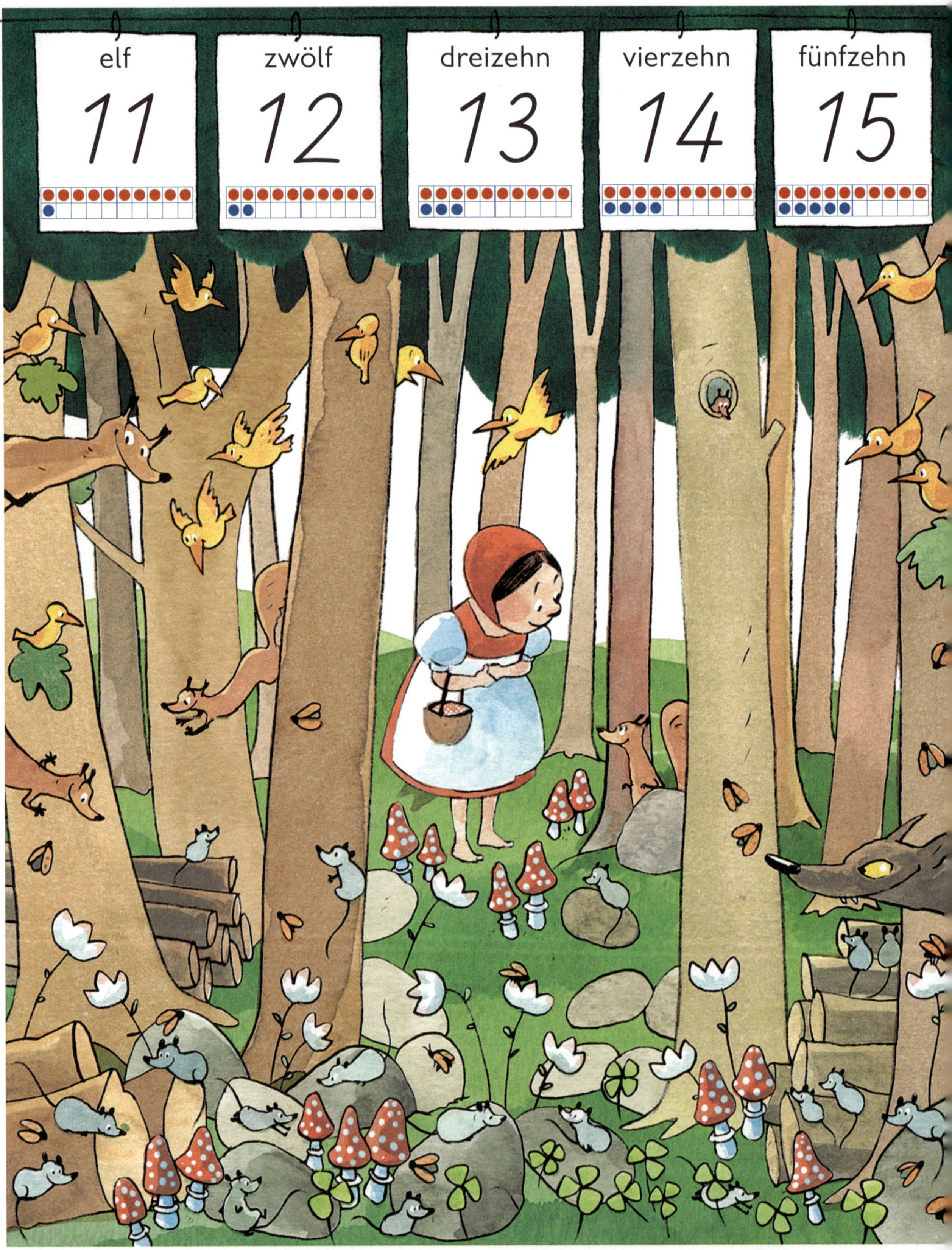

elf	zwölf	dreizehn	vierzehn	fünfzehn
11	12	13	14	15

Bild erschließen, Objekte erfassen und Anzahl bestimmen;
Lage der Objekte unter Verwendung von „links", „rechts", „oben", „unten", „über", „neben",
„zwischen", „hinter" und „vor" beschreiben

sechzehn	siebzehn	achtzehn	neunzehn	zwanzig
16	17	18	19	20

1

$10 + 5 = 15$

$10 + 5 = 15$

Zehner (Z)	Einer (E)
1	5

2

$10 + \boxed{} = \boxed{}$

$10 + \boxed{} = \boxed{}$

Zehner (Z)	Einer (E)
1	

3

$\boxed{} + \boxed{} = \boxed{}$

$\boxed{} + \boxed{} = \boxed{}$

Zehner (Z)	Einer (E)

4

Z	E

$\boxed{} + \boxed{} = 11$

Z	E

$\boxed{} + \boxed{} = \boxed{}$

Z	E

$\boxed{} + \boxed{} = \boxed{}$

Z	E

$\boxed{} + \boxed{} = \boxed{}$

1 und 2: Zehner und Einer erfassen, Anzahlen in die Stellenwerttafel eintragen
3: Anzahl der Kästchen nach Vorgabe färben
4: Legen nach Vorgabe; Zahlen in die Stellenwerttafel eintragen

Orientieren im Zwanzigerfeld

1	2	3	4	5	6	7	8	9	10
11	12	13	14	15	16	17	18	19	20

3 20
16

1 Start: 3 → → ↓   Ziel: 15

2 Start: 6 → → → ↓ →   Ziel:

3 Start: 14 ← ← ↑ →   Ziel: ▢▢

4 Start: 20 ← ↑ ← ← ↓ ←   Ziel: ▢▢

5 Welche Zahlen fehlen?

1		4
11	12	

12	13	14

6	
	17		

1	2	3	4

11	

4	5	6	

6 Zähle in 2er-Schritten.

1	2	3	4	5	6	7	8	9	10	11	12	13	14	15	16	17	18	19	20

7 Zähle in 3er-Schritten.

1	2	3	4	5	6	7	8	9	10	11	12	13	14	15	16	17	18	19	20

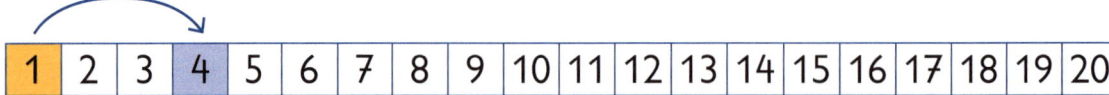

72
1 bis 4: Schrittfolge nach Vorgabe; Zielzahl ermitteln
5: Abgedeckte Zahlen ermitteln
6 und 7: Zählen in angegebener Schrittfolge

AH 37 | **TÜ** 33

<table>
<tr><td><</td><td>=</td><td>></td><td>**MERKE DIR**</td></tr>
<tr><td>ist kleiner als</td><td>ist gleich</td><td>ist größer als</td><td></td></tr>
</table>

1 Vergleiche.

2 < 4

12 < 14

6 > 3

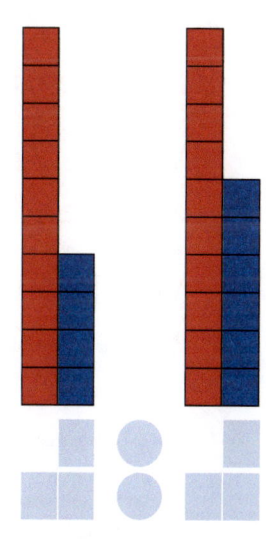

2
20 ⬤ 15
14 ⬤ 14
18 ⬤ 16
17 ⬤ 10

3
15 ⬤ 5
12 ⬤ 8
9 ⬤ 19
7 ⬤ 11

4
19 ⬤ 19
13 ⬤ 3
16 ⬤ 8
6 ⬤ 14

5
18 > ▢▢
15 > ▢
17 > ▢▢
12 > ▢

6 Ordne von der kleinsten zur größten Zahl.

16 ~~9~~ 12 17 13
E T I R G

9				
T				

7 Ordne von der größten zur kleinsten Zahl.

18 14 6 15 20 10 16 4 8
E N R E R W G M U

1: Anzahlen vergleichen, Zahlen zuordnen, Relationszeichen setzen
2 bis 5: Zahlen vergleichen und Relationszeichen setzen
6 und 7: Ordnen nach Vorschrift; Lösungswort finden

AH 38 | TÜ 34   73

Vorgänger und Nachfolger

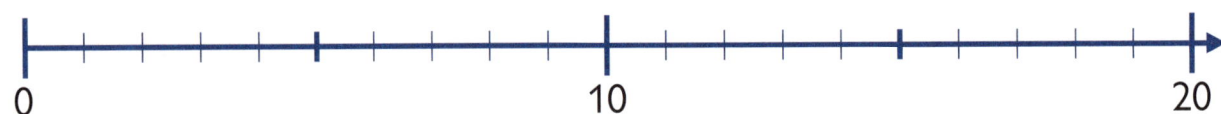

```
0                    10                    20
```

1 Zeige und zähle bis 20.

2 Zeige und kennzeichne: 4, 13, 18, 11, 7, 19, 9.

3 Welche Zahlen liegen
zwischen 13 und 17?

Welche Zahlen liegen
zwischen 11 und 16?

Welche Zahlen liegen
zwischen 17 und 20?

18	14
16	19
13	14
15	12
15	

4 Zwischen ▢▢ und ▢▢ liegen die Zahlen 13, 14, 15.

V
11
Vorgänger

N
13
Nachfolger

5

V	Z	N
	14	
	17	
	16	
	19	
	13	

6

V	Z	N
11		
14		
		19
		11
	14	

WIEDERHOLE

5 6 ▢   ▢ 3 ▢   ▢ 9 ▢

▢ 2 ▢   ▢ 8 ▢   ▢ ▢ 5

1 und 2: Zahlen am Zahlenstrahl zeigen und kennzeichnen   3 und 4: Begriff „liegt zwischen" verstehen und entsprechende Zahlen benennen   5 und 6: Vorgänger, Nachfolger oder Zahl bestimmen und eintragen   W: Vorgänger, Nachfolger im Zahlenraum bis 10 bestimmen

AH 38 | **TÜ** 35

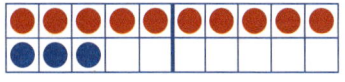 $10 + 3 = 13$

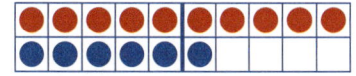 $10 + 6 = 16$

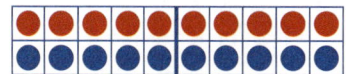 $10 + 10 = 20$

1

$10 + 4 =$ ⬚⬚ $10 + 2 =$ ⬚⬚ $3 + 10 =$ ⬚⬚

$10 + 5 =$ ⬚⬚ $10 + 1 =$ ⬚⬚ $8 + 10 =$ ⬚⬚

$10 + 9 =$ ⬚⬚ $10 + 7 =$ ⬚⬚ $6 + 10 =$ ⬚⬚

16 12 17
11 15 18
19 13 14

2 Ordne zu.

17   14

?

19   16

3 + 10	9 + 10
10 + 9	6 + 10
4 + 10	10 + 7
7 + 10	10 + 4
10 + 6	10 + 3

3 Vervollständige.

$10 +$ 1 $=$ ⬚⬚

$10 +$ 2 $=$ ⬚⬚

$10 +$ 3 $=$ ⬚⬚

$10 +$ ⬚ $=$ ⬚⬚

$10 +$ ⬚ $=$ ⬚⬚

$10 +$ ⬚ $=$ ⬚⬚

$10 +$ ⬚ $=$ ⬚⬚

$10 +$ ⬚ $=$ ⬚⬚

$10 +$ ⬚ $=$ ⬚⬚

$10 +$ ⬚ $=$ ⬚⬚

4 $10 \xrightarrow{+8}$ ⬚⬚ $10 \xrightarrow{+4}$ ⬚⬚ $10 \xrightarrow{+7}$ ⬚⬚ $5 \xrightarrow{+10}$ ⬚⬚ $10 \xrightarrow{+10}$ ⬚⬚

5

$14 = 10 + 4$
$14 = 4 + 10$

$18 =$ ⬚ $+$ ⬚
$18 =$ ⬚ $+$ ⬚

$15 =$ ⬚ $+$ ⬚
$15 =$ ⬚ $+$ ⬚

$17 = 10 +$ ⬚
$17 =$ ⬚ $+ 10$

$16 =$ ⬚ $+$ ⬚
$16 =$ ⬚ $+$ ⬚

$19 =$ ⬚ $+$ ⬚
$19 =$ ⬚ $+$ ⬚

Addieren ohne Zehnerübergang

1

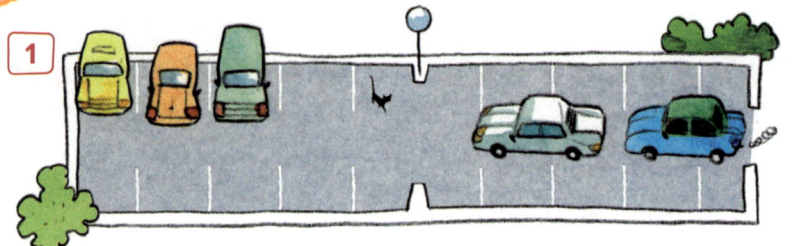

Das kann ich rechnen:

$3 + 2 =$ ▢

Nun kommt
der Zehner dazu:

$13 + 2 = 1$▢

> Rechne erst die
> bekannte Aufgabe.

> Übertrage
> das Ergebnis.

2

$4 + 3 =$ ▢

14 + 3

▢ $+ 3 =$ ▢

3

$2 + 7 =$ ▢

12 + 7

▢ $+$ ▢ $=$ ▢

4

▢ $+$ ▢ $=$ ▢

16 + 2

▢ $+$ ▢ $=$ ▢

Lege erst mit Plättchen. Rechne dann.

5

$7 + 2 =$ ▢ $4 + 4 =$ ▢ $5 + 2 =$ ▢ $8 + 1 =$ ▢

$17 + 2 =$ ▢ $14 + 4 =$ ▢ $15 + 2 =$ ▢ $18 + 1 =$ ▢

Berechne die Summe.

6

$13 + 6 =$ ▢ $11 + 7 =$ ▢ $12 + 4 =$ ▢ $14 + 5 =$ ▢

$15 + 3 =$ ▢ $16 + 3 =$ ▢ $17 + 2 =$ ▢ $10 + 8 =$ ▢

$2 + 5$	$5 + 4$	$6 + 4$	$7 + 0$	$4 + 4$	$3 + 7$	**WIEDERHOLE**
$3 + 6$	$2 + 7$	$1 + 9$	$5 + 5$	$0 + 9$	$2 + 5$	

So rechnet Ben: 6 + 11 = 17

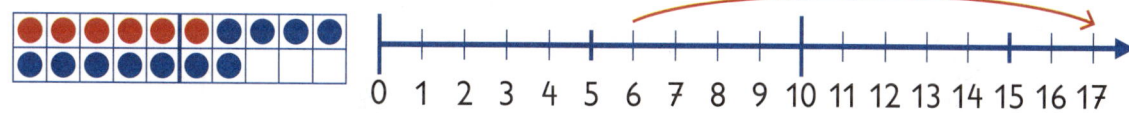

So rechnet Lisa: 11 + 6 = 17

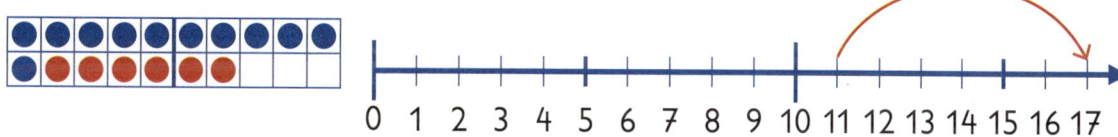

1 Vergleiche die Aufgaben und Ergebnisse von Ben und Lisa.
Was stellst du fest? Vervollständige den Merksatz.

> Summanden kann man _____ .   **MERKE DIR**
>
> Die Summe bleibt _____ .

2 Finde Aufgabe und Tauschaufgabe.

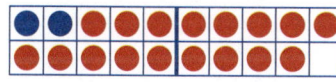   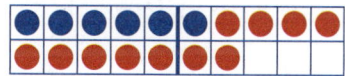   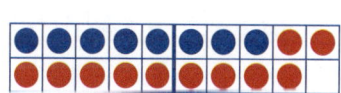

2 + 17 = ☐   6 + 11 = ☐   ☐ + ☐ = ☐

17 + 2 = ☐   ☐ + ☐ = ☐   ☐ + ☐ = ☐

3 Rechne. Du darfst die Summanden vertauschen.

14 + 3 = ☐	2 + 18 = ☐	4 + 12 = ☐
4 + 14 = ☐	13 + 6 = ☐	17 + 3 = ☐
7 + 11 = ☐	1 + 19 = ☐	2 + 16 = ☐
12 + 6 = ☐	15 + 4 = ☐	14 + 5 = ☐

20 17 20 18
16 18 19 19
20 18 18 19

Subtrahieren ohne Zehnerübergang

1

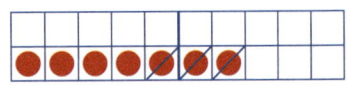

Das kann ich rechnen:

7 − 3 = ▢

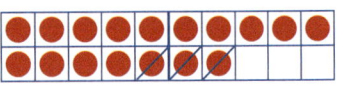

Wenn 7 − 3 = ▢

dann: 17 − 3 = 1▢

> Rechne erst die bekannte Aufgabe.

> Übertrage das Ergebnis.

2

9 − 4 = ▢

19 − 4

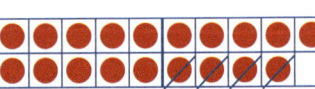

▢ − 4 = ▢▢

3

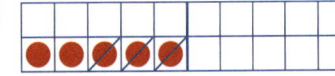

5 − 3 = ▢

15 − 3

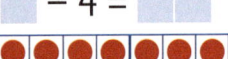

▢ − 3 = ▢▢

4

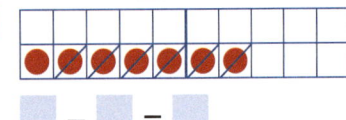

▢ − ▢ = ▢

17 − 6

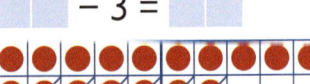

▢ − ▢ = ▢▢

Lege erst mit Plättchen. Rechne dann.

5

| 5 − 3 = ▢ | 6 − 2 = ▢ | 7 − 5 = ▢ | 9 − 5 = ▢ |
| 15 − 3 = ▢ | 16 − 2 = ▢ | 17 − 5 = ▢ | 19 − 5 = ▢ |

Berechne die Differenz.

6

| 15 − 4 = ▢ | 19 − 7 = ▢ | 12 − 2 = ▢ | 18 − 6 = ▢ |
| 17 − 5 = ▢ | 14 − 3 = ▢ | 16 − 5 = ▢ | 19 − 8 = ▢ |

| 7 − 4 | 9 − 6 | 10 − 5 | 8 − 0 | 10 − 7 | 8 − 4 | **WIEDERHOLE** |
| 6 − 6 | 5 − 0 | 9 − 3 | 6 − 6 | 7 − 3 | 9 − 7 | |

1 bis 4: Bekannte Aufgabe finden, lösen und übertragen   5: Aufgabe mit Plättchen legen; Subtrahieren
6: Differenz berechnen; bekannte Aufgabe erkennen und übertragen

Addieren und Subtrahieren ohne Zehnerübergang

1

$4 - 3 = \square$

$\square - 4 = \square$

$\square - \square = \square$

$14 - 3 = \square\square$

$\square\square - \square = \square\square$

$\square\square - \square = \square\square$

2

$\square + 4 = \square\square$

$\square + \square = \square$

$\square + \square = \square$

$16 + \square = \square\square$

$\square + \square = \square\square$

$\square + \square = \square\square$

3 Was gehört zusammen?

Schreibe so:
$7 - 3 = 4$
$17 - 3 = 14$

19 − 0	7 − 5	9 − 8	7 − 2	$\square - \square$
17 − 5	17 − 2	19 − 8	15 − 3	9 − 0
18 + 2	3 + 6	14 + 5	7 + 2	12 + 8
4 + 5	17 + 2	8 + 2	2 + 8	13 + 6

4
$16 - 2 = \square\square$
$16 - 3 = \square\square$
$16 - 4 = \square\square$
$16 - \square = \square\square$
$\square\square - \square = \square\square$

5
$15 - 0 = \square\square$
$15 - 1 = \square\square$
$15 - 2 = \square\square$
$15 - \square = \square\square$
$\square\square - \square = \square\square$

6
$19 - 1 = \square\square$
$19 - 3 = \square\square$
$19 - 5 = \square\square$
$19 - \square = \square\square$
$\square\square - \square = \square\square$

1 und 2: Bekannte Aufgaben finden, lösen und übertragen
3: Zur bekannten Aufgabe die analoge Aufgabe finden
4 bis 6: Reihe fortsetzen und Platzhalter belegen; Differenz berechnen

1
14 + 5 =
15 + 3 =
13 + 4 =
17 + 2 =
11 + 6 =

18 − 7 =
13 − 2 =
16 − 5 =
15 − 4 =
17 − 6 =

2
17 + ▢ = 19
14 + ▢ = 18
12 + ▢ = 17
13 + ▢ = 15
10 + ▢ = 16

14 − ▢ = 11
16 − ▢ = 13
19 − ▢ = 16
15 − ▢ = 12
17 − ▢ = 14

3 + 5

10	
11	
12	
13	

4 − 2

17	
13	
16	
14	

5 + 4

14	
	15
13	
	19

6 − 3

	13
17	
	15
19	

7 Bilde Aufgaben.
Berechne die Summen.

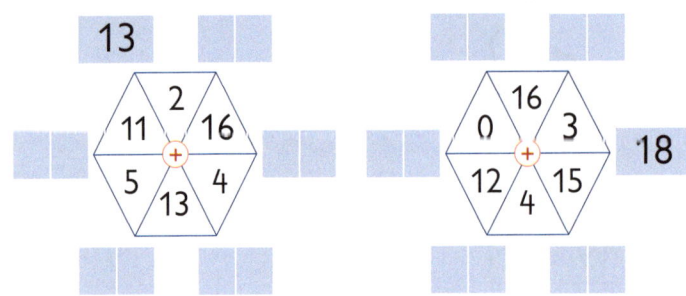

8 Zerlege die Zahlen.
Gib 2 Möglichkeiten an.

18 = 10 + 8
18 = 10 + 6 + 2

14 = 10 + ▢
14 = 10 + ▢ + ▢
16 = 10 + ▢
16 = 10 + ▢ + ▢

9 Wie heißen die Zahlen?

Meine Zahl ist größer als 12 + 4 und kleiner als 18.

Meine Zahl ist größer als 14 + 1 und kleiner als 19 − 2.

10 Löse die Aufgaben.
Erzähle zu jeder Aufgabe eine Rechengeschichte.

20 − 5	14 + 4
17 + 3	16 − 2
18 − 5	11 + 8

1 und 2: Additions- und Subtraktionsaufgaben lösen   3 bis 6: Rechenbefehle ausführen   7: Additions-aufgaben in den Rechenscheiben finden und lösen   8: Zahlen in Zehner und Einer zerlegen
9: Gesuchte Zahlen bestimmen   10: Aufgaben lösen; Rechengeschichten erzählen

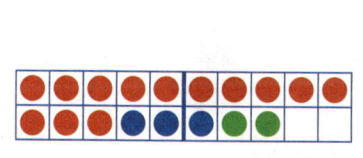

$$13 + 3 + 2 = 18$$

Lege und rechne.

1
14 + 2 + 1 =
17 + 0 + 2 =
11 + 4 + 3 =
12 + 4 + 2 =

2
16 + 3 + 0 =
12 + 1 + 2 =
11 + 5 + 2 =
13 + 3 + 3 =

3
15 + 2 + 3 =
14 + 5 + 2 =
13 + 4 + 5 =
16 + 2 + 2 =

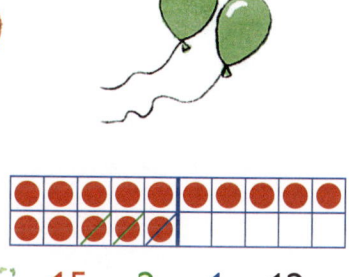

$$15 - 2 - 1 = 12$$

Lege und rechne.

4
17 − 1 − 1 =
14 − 3 − 0 =
16 − 1 − 3 =
18 − 2 − 2 =

5
15 − 0 − 4 =
18 − 3 − 4 =
19 − 2 − 2 =
14 − 2 − 1 =

6
18 − 2 − 4 =
19 − 5 − 3 =
17 − 3 − 2 =
16 − 4 − 1 =

Setze das richtige Zeichen: < = > .

7
17 ⬤ 10 + 5 + 4
16 ⬤ 11 + 2 + 3
18 ⬤ 17 − 4 − 2

8
12 + 4 + 1 ⬤ 12 + 3 + 2
14 + 2 + 4 ⬤ 14 + 1 + 3
17 − 1 − 6 ⬤ 17 − 2 − 3

1 bis 3: Addieren mit drei Summanden
4 bis 6: Subtrahieren mit zwei Zahlen
7 bis 8: Differenzen bzw. Summen berechnen; Relationszeichen setzen

1

16 + 2 = 18

18 − 2 = ▢

▢ + ▢ = ▢

▢ − ▢ = ▢

2 Löse die Aufgabe und die Umkehraufgabe.

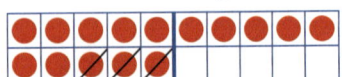

15 − 3 = ▢

▢ + 3 = ▢

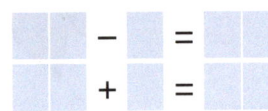

▢ − ▢ = ▢

▢ + ▢ = ▢

▢ − ▢ = ▢

▢ + ▢ = ▢

3 Rechne.

− 3
14 ⟷ ▢
+ ▢

− 2
17 ⟷ ▢
+ ▢

− ▢
15 ⟷ 11
+ ▢

− ▢
18 ⟷ 13
+ ▢

4 Rechne. Kontrolliere mit der Umkehraufgabe.

18 − 6 = 12
12 + 6 = 18

13 + 4 = 17
17 − 4 = 13

13 − 2 = ▢
15 − 4 = ▢
19 − 7 = ▢
18 − 3 = ▢

10 + 7 = ▢
14 + 4 = ▢
17 + 3 = ▢
11 + 9 = ▢

12 + ▢ = 17
14 − ▢ = 14
16 + ▢ = 19
17 − ▢ = 11

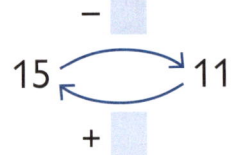

11 17 5 11 18 0 12 20 3 15 20 6

1: Bildinhalt erklären; Platzhalter belegen
2: Additions- und Subtraktionsaufgaben finden und lösen
3: Rechenbefehle ausführen   4: Aufgaben lösen und mit den Umkehraufgaben kontrollieren
AH 42 | TÜ 42

Nachbaraufgaben – Aufgabenfamilien – Rund um die 10

Das sind Nachbaraufgaben zu 14 + 5.

Das sind auch Nachbaraufgaben zu 14 + 5.

13 + 5

15 + 5

14 + 4

14 + 6

	14 + 4 = 18	
13 + 5 = 18	14 + 5 = 19	15 + 5 = 20
	14 + 6 = 20	

1 Schreibe Nachbaraufgaben auf. Löse sie.

	12 + 1 = ☐☐	
11 + 2 = ☐☐	12 + 2 = 14	☐☐ + 2 = ☐☐
	12 + ☐ = ☐☐	

	11 + 6 = 17	
☐☐ + 7 = ☐☐	11 + 7 = 18	☐☐ + 7 = ☐☐
	11 + 8 = 19	

2 Bilde Aufgabenfamilien.

  10

3 10 7

6 + 4 = ☐☐   10 − 4 = ☐   ☐ + ☐ = ☐☐   ☐☐ − ☐ = ☐
4 + ☐ = ☐☐   10 − ☐ = ☐   ☐ + ☐ = ☐☐   ☐☐ − ☐ = ☐

3 10

7 + ☐
5 + ☐
8 + ☐
4 + ☐

4 10

2 + 4 + ☐
4 + 2 + ☐
0 + ☐ + 4
5 + ☐ + 2

3 4
4 6

5 18

10 + ☐
12 + ☐
0 + ☐
8 + ☐

1: Nachbaraufgaben finden; Platzhalter belegen
2: Aufgabenfamilien finden und lösen
3 bis 5: Platzhalter bestimmen

Verdoppeln

1 Verdopple mit dem Spiegel. Schreibe die passende Aufgabe auf.

2 Wie viel Cent hast du nach dem Verdoppeln? Wie rechnest du?

 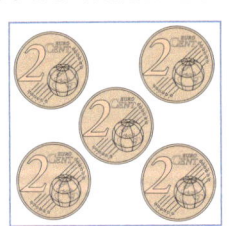  

3 Verdopple.

	5	3	4	10 ct	6 €
Aufgabe	5 + 5	+	+	ct + ct	€ + €
Das Doppelte	10			ct	€

84

1: Additionsaufgaben mit zwei gleichen Summanden finden und lösen
2: Das Doppelte bestimmen und Rechenweg erklären
3: Tabelle vervollständigen

AH 44 | **TÜ** 44

Die Hälfte von 8 ist 4.

$8 = \boxed{} + \boxed{}$

1

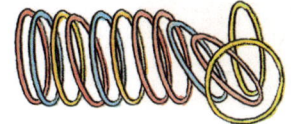

Die Hälfte von ☐☐ ist ☐.　　Die Hälfte von ☐☐ ist ☐.　　Die Hälfte von ☐☐ ist ☐.

2 Halbiere die Geldbeträge.

3 Halbiere.

	8	16	20	14 €	18 €
Aufgabe	8 − 4	☐☐ − ☐	☐☐ − ☐	☐☐ € − ☐ €	☐☐ € − ☐ €
Die Hälfte	4			€	€

WIEDERHOLE

1. 14 + 2　　16 − 3　　19 − 5　　16 − 4　　18 − 8　　20 − 10
2. 8 ct − 4 ct　　10 ct + 6 ct　　14 ct − 4 ct　　12 € + 2 €　　15 € + 5 €

1: Die Hälfte der angegebenen Anzahl bestimmen
2: Den halben Geldbetrag ermitteln　　3: Tabelle vervollständigen
W: Additions- und Subtraktionsaufgaben lösen

AH 44 | **TÜ** 45　　85

Gerade und ungerade Zahlen

| 2, 4, 6, 8, 10, 12, 14, 16, 18, 20 sind **gerade** Zahlen. | 1, 3, 5, 7, 9, 11, 13, 15, 17, 19 sind **ungerade** Zahlen. |

1 Trage die Anzahl der Würfel ein. Was fällt dir auf?

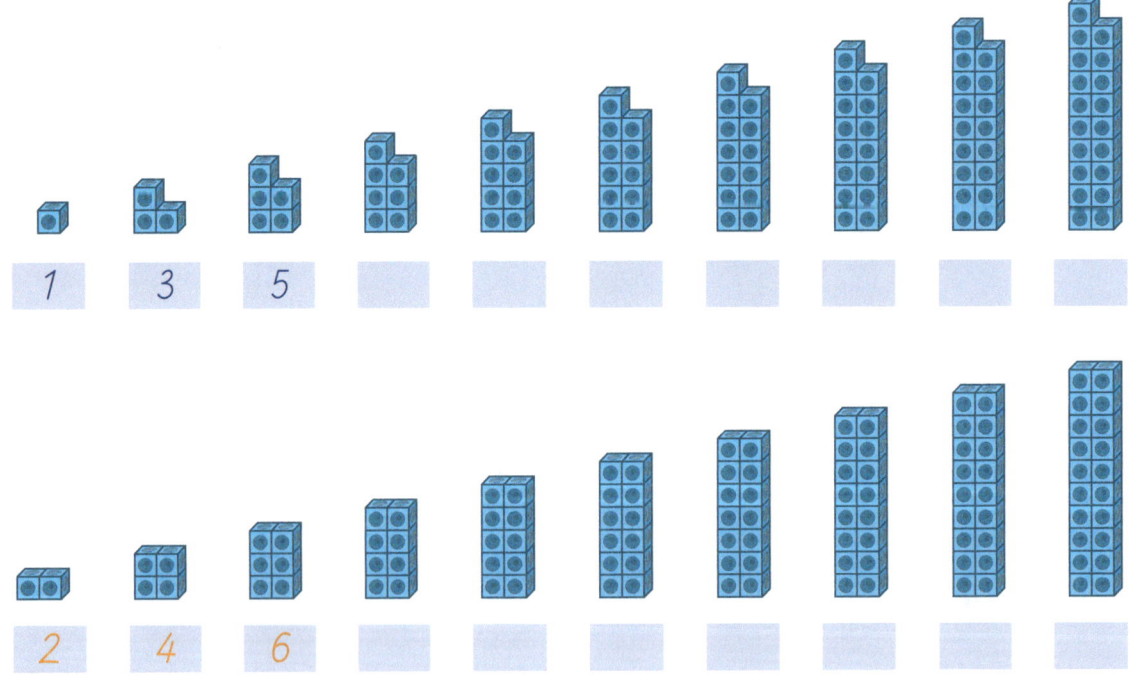

1   3   5

2   4   6

2 Schreibe alle geraden Zahlen auf, die zwischen 7 und 17 liegen.

3 Schreibe alle ungeraden Zahlen auf, die zwischen 4 und 18 liegen.

1 Berechne die Summen und Differenzen.
Ist das Ergebnis eine gerade Zahl, dann färbe sie orange.
Ist das Ergebnis eine ungerade Zahl, dann färbe sie blau.

4 + 4 =	5 + 2 =	7 + 3 =	5 + 4 =
7 + 2 =	8 + 0 =	10 + 2 =	11 + 3 =
10 + 3 =	12 + 8 =	13 + 5 =	15 + 2 =
18 − 7 =	20 − 6 =	19 − 5 =	13 − 3 =
16 − 5 =	15 − 3 =	14 − 3 =	17 − 2 =

2 Stimmt es, was die Kinder sagen? Überprüfe.

Die Summe aus einer geraden Zahl und einer ungeraden Zahl ist eine gerade Zahl.

Die Summe aus zwei geraden Zahlen ist wieder eine gerade Zahl.

☐☐ + ☐☐ = ☐☐

☐☐ + ☐☐ = ☐☐

Die Summe aus zwei ungeraden Zahlen ist eine gerade Zahl.

☐☐ + ☐☐ = ☐☐

3 Schreibe alle geraden Zahlen bis 20 auf, die größer als 14 sind.

4 Schreibe alle ungeraden Zahlen auf, die kleiner als 11 und größer als 3 sind.

WIEDERHOLE

1. Welche Zahlen liegen zwischen 8 und 15?
2. Welche Zahlen sind größer als 15?
3. Welche Zahlen sind kleiner als 13?
4. Welche Zahlen sind kleiner als 11, aber größer als 6?

1: Summen und Differenzen berechnen; gerade und ungerade Zahlen erkennen
2: Aussage am Beispiel überprüfen   3 und 4: Gerade und ungerade Zahlen ermitteln und aufschreiben
W: Begriffssicherheit schaffen   **AH** 45 | **TÜ** 46   87

Sachaufgaben – Fragen zuordnen

1 Welche Frage passt zu welchem Text? Ordne zu.

Im Regal stehen 6 Flaschen Saft. Die Verkäuferin stellt 4 Flaschen dazu. ①

Ⓐ Wie viel muss Frau Fröhlich bezahlen?

Frau Fröhlich kauft für 4 € Obst, für 3 € Wurst und für 2 € Kuchen. ②

Ⓑ Wie viele Leute arbeiten im Supermarkt?

Im Supermarkt arbeiten 5 Frauen und 2 Männer. ③

Ⓒ Wie viele Flaschen Saft stehen im Regal?

2 Nur zwei Fragen passen zum Text. Welche sind es?

An der Kasse 1 stehen 6 Leute.
An der Kasse 2 stehen
vier Leute mehr als an der Kasse 1.

Wie viele Leute stehen an der Kasse 2? Ⓐ

Ⓑ Wie viele Männer stehen an den Kassen?

Stehen mehr Frauen oder mehr Männer an den Kassen? Ⓒ

Ⓓ Wie viele Leute stehen insgesamt an den Kassen?

1 Die Geisterbahn hat 20 Wagen. In 8 Wagen sitzen Kinder.

2 In einer Gondel des kleinen Riesenrades können 2 Kinder sitzen. Es sind vier Gondeln besetzt.

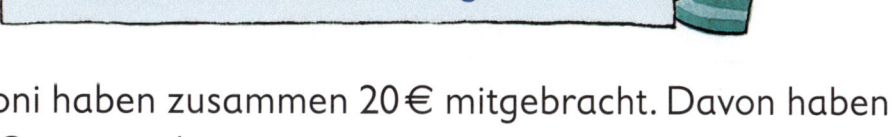

- Wonach kannst du fragen?
- Setze Zahlen und Rechenzeichen ein und rechne.
- Beantworte deine Frage.

3 Nina und Toni haben zusammen 20 € mitgebracht. Davon haben sie schon 9 € ausgegeben.

4 Lena hat für den Besuch auf dem Rummel 8 € aus der Sparbüchse genommen. Von ihren Eltern hat sie noch 5 € erhalten. Der Opa hat ihr 2 € geschenkt.

Freundeseiten – Lernen mit dem Partner oder in der Gruppe

1 Zahlen verstecken
Du nennst eine Zahl.
Dein Partner legt ein Plättchen
auf diese Zahl.

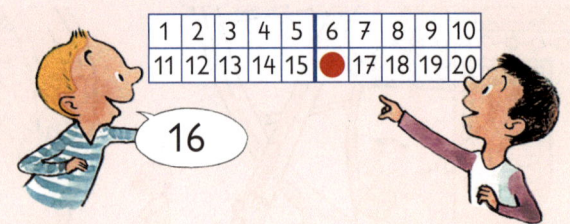

2 Zahlen finden
Alle Zahlen sind verdeckt.
Du zeigst auf ein Plättchen.
Dein Partner nennt die
verdeckte Zahl.

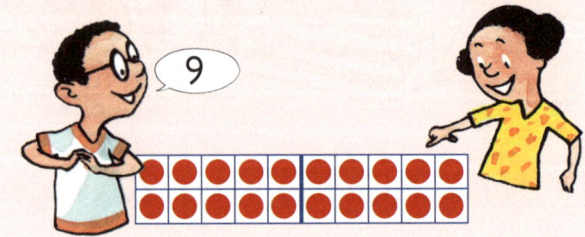

3 Zahlenfolgen

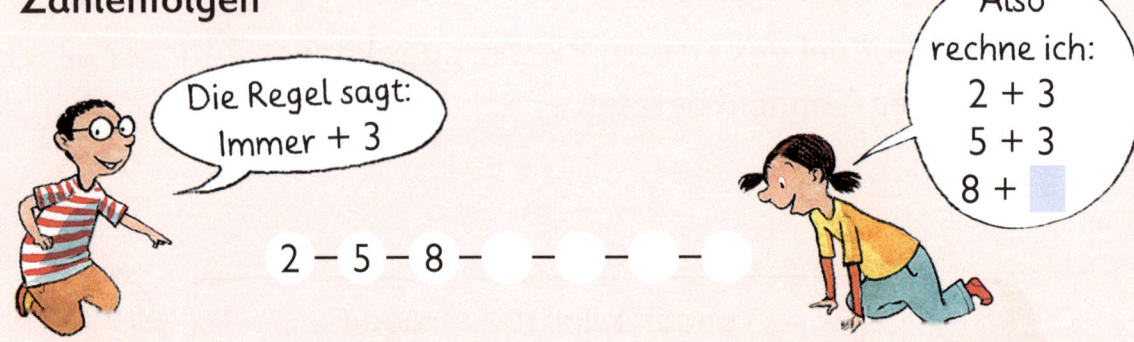

Die Regel sagt:
Immer + 3

2 – 5 – 8 – ● – ● – ● – ● – ●

Also
rechne ich:
2 + 3
5 + 3
8 +

4 Du nennst die Regel. Dein Partner findet die fehlenden Zahlen
und schreibt sie auf.

0 —— 3 —— 6 —— ○ —— ○ —— ○ —— ○

7 —— 9 —— 11 —— ○ —— ○ —— ○ —— ○

19 —— 17 —— 15 —— ○ —— ○ —— ○ —— ○

20 —— 16 —— ○ —— ○ —— ○

5 Du erfindest eine Zahlenfolge. Dein Partner findet die Regel.

Summen und Differenzen

Bilde mit diesen Zahlen Aufgaben:

18 10 20 7 6 13 4 14 11 8 9 19 5 2 3 12

1 Die Summe soll immer 18 sein.
Du nennst den 1. Summanden.
Dein Partner nennt den
2. Summanden.

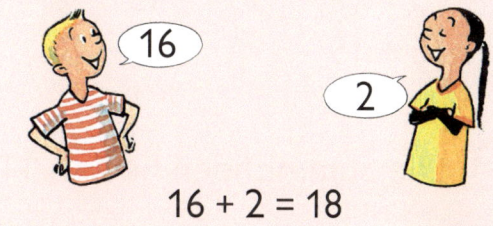

16 + 2 = 18

2 Die Differenz soll immer 11 sein.
Du nennst den Minuend.
Dein Partner nennt den
Subtrahend.

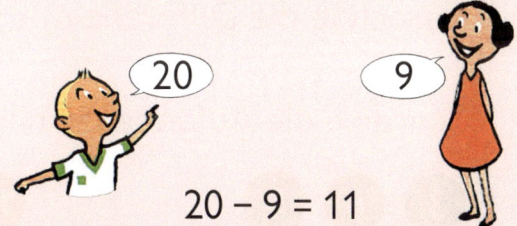

20 − 9 = 11

Geldbeträge

3 Nenne einen Geldbetrag bis 10 €.
Dein Partner legt diesen
Geldbetrag mit Rechengeld.

4 Du hast 10 € und kaufst für 6 €
(3 €, 5 €, 7 €) ein Buch.
Dein Partner ist der Verkäufer.
Er gibt dir das Restgeld zurück.

Würfelbauten

5 Wie viele Würfel sind es?

6 Baut mit der gleichen Anzahl
Würfel andere Würfelbauten.

1 und 2: Summen und Differenzen bilden   3: Geldbeträge legen (verschiedene Möglichkeiten)
4: Restgeld berechnen   5: Anzahl bestimmen; mit gleicher Anzahl einen anderen Würfel bauen.
Inklusion: AB 1/B, S. 38   6: Würfelbauten erstellen

91

Kann ich das schon?

Bestimme die Summen und Differenzen.

1	**2**	**3**	**4**
13 + 6	17 − 7	2 ct + 8 ct	2 € + 7 €
10 + 9	14 − 3	6 ct + 3 ct	10 € − 9 €
14 + 0	19 − 5	4 € + 6 €	7 ct + 3 ct
3 + 17	15 − 0	10 € − 5 €	10 ct − 10 ct
5 + 15	20 − 10	9 € − 4 €	5 ct + 5 ct

5 Die Summanden heißen 11 und 9. Berechne die Summe.

6 Berechne die Differenz aus 19 und 7.

7 Schreibe die Aufgabenfamilien auf und löse die Aufgaben.

3	6	9		10	2	8		4	7	3
?	14	3		12	?	5		20	6	?

8 Setze das richtige Zeichen: < = > .

10 ◯ 13	11 ◯ 9	14 ◯ 12	3 + 4 ◯ 7	14 ◯ 11 + 2
12 ◯ 11	14 ◯ 17	20 ◯ 10	9 + 5 ◯ 6	20 ◯ 16 + 3

9 Bestimme Vorgänger und Nachfolger.

V	Z	N
	15	
	17	
	10	
8		
		20

10 Lege mit Plättchen. Lege nur zwei um.

Finde weitere Figuren durch Umlegen von zwei .

1

+	12	10	2	11
8				
5				
4				

–	6	8	5	4
19				
18				
20				

2

6	3	7

7	
	4
	2

| 17 |
| 5 |
| 3 |

3 Bestimme das Doppelte und die Hälfte.

Zahl	1	3	5	10	2
Das Doppelte					

Zahl	8	4	10	6	2
Die Hälfte					

4 Welche geraden Zahlen liegen zwischen 8 und 18?

5 Welche ungeraden Zahlen liegen zwischen 19 und 10?

6 Ordne die Zahlen.
Beginne mit der kleinsten Zahl.   Beginne mit der größten Zahl.

12 7 19 3 15 20
14 11 4 9 16 0 18 5

18 11 6 8 1 17
20 15 3 4 13 16

7

5 + 3 + 0 =   10 − 5 − 3 =   10 − 7 − 3 =

2 + 4 + 3 =   7 − 0 − 4 =   3 + 6 − 5 =

3 + 5 + 1 =   9 − 4 − 2 =   6 − 6 + 3 =

4 + 0 + 4 =   8 − 1 − 7 =   5 + 2 − 5 =

8 9 9
8 2 3
3 0 0
4 3 2

Dreieck, Viereck, Kreis

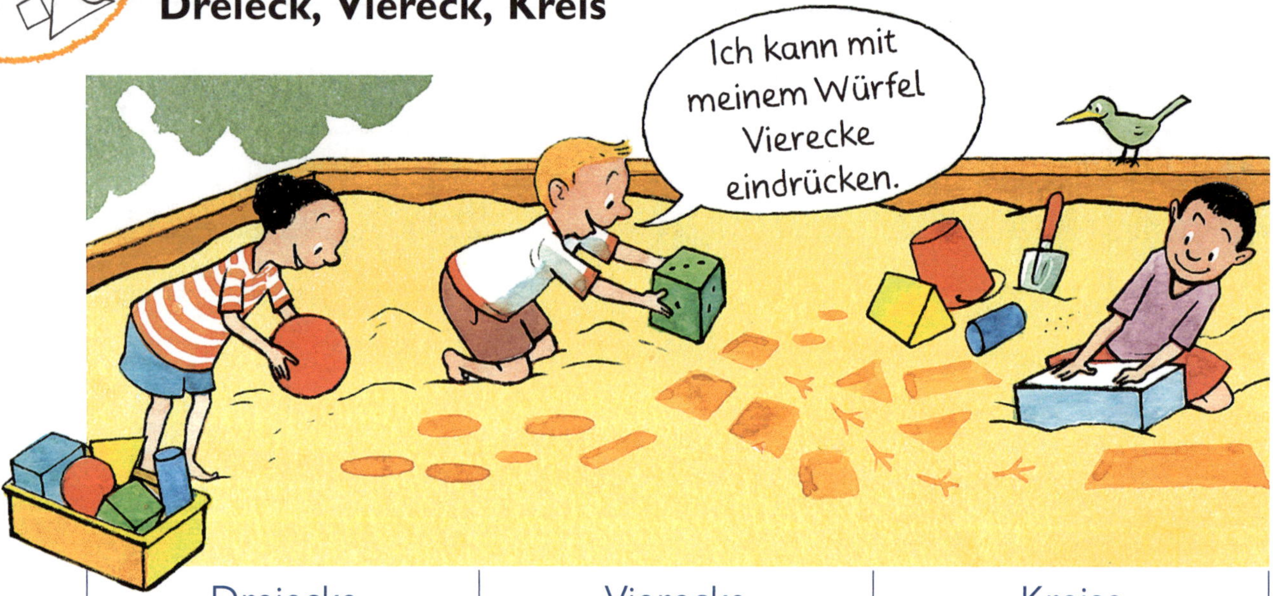

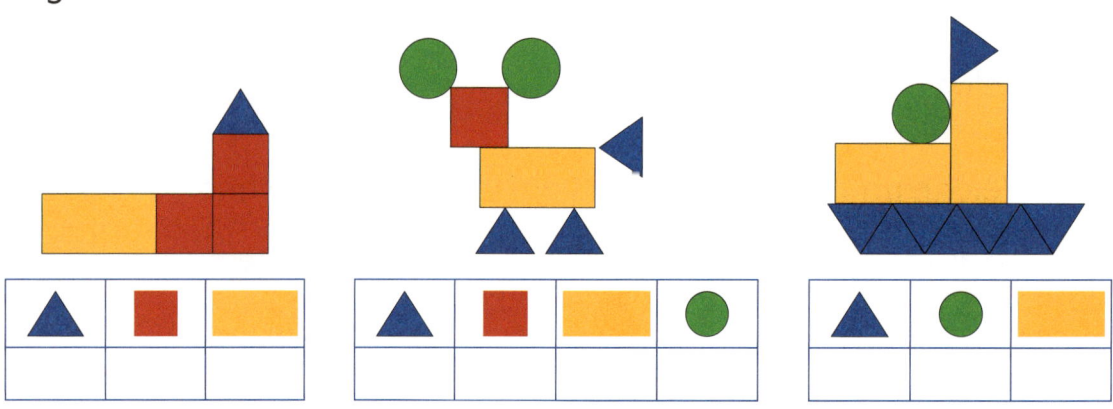

Ich kann mit meinem Würfel Vierecke eindrücken.

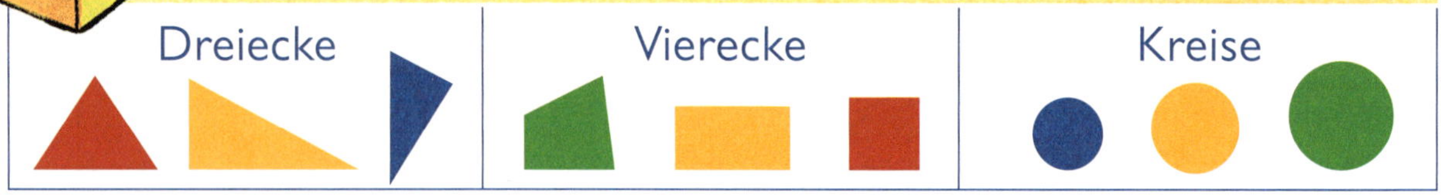

Dreiecke
Vierecke
Kreise

1 Lege nach und zähle.

Wie viele Dreiecke und Vierecke entdeckst du?

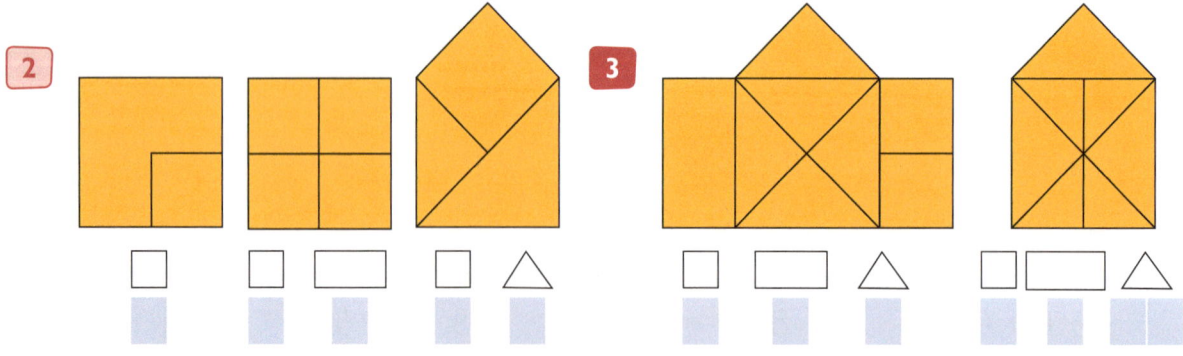

2

3

Bild: Erkennen, welcher Körper welchen Abdruck der Fläche hinterlässt
1: Nachlegen und Bestimmen der Anzahl der jeweiligen Fläche
2 und 3: Erkennen von Dreiecken und Vierecken; Anzahl angeben

AH 47–48 | **TÜ** 48

1 Lege Dreiecke und Vierecke mit Stäbchen.

2 Lege Häuser, die aus Dreiecken und Vierecken bestehen.

3 Lege nach.

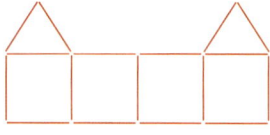 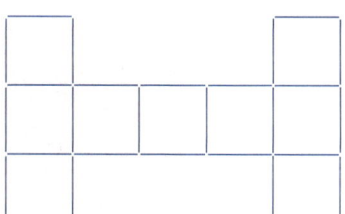 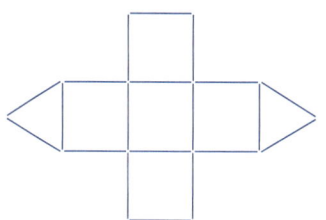

4 Lege die Muster und setze sie fort. Erfinde selbst Muster.

5 Lege die Ausgangsfiguren.

Lege 4 Stäbchen um.

erst so: dann so:

Lege 3 Stäbchen um.

erst so: dann so:

  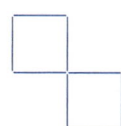   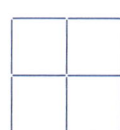  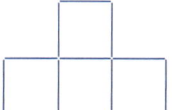

1 und 2: Figur mit Stäbchen legen   3: Figur mit Stäbchen nachlegen
4: Muster nach- und weiterlegen; Muster erfinden
5: Durch Umlegen der vorgegebenen Anzahl von Stäbchen die gegebene Figur legen   **AH** 47–48 | **TÜ** 48   95

Figuren auslegen

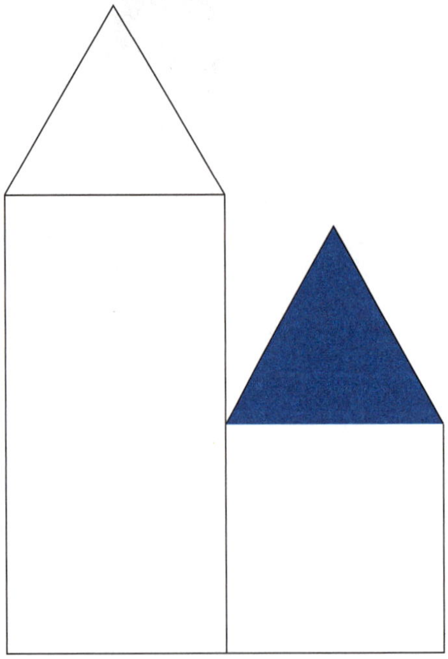

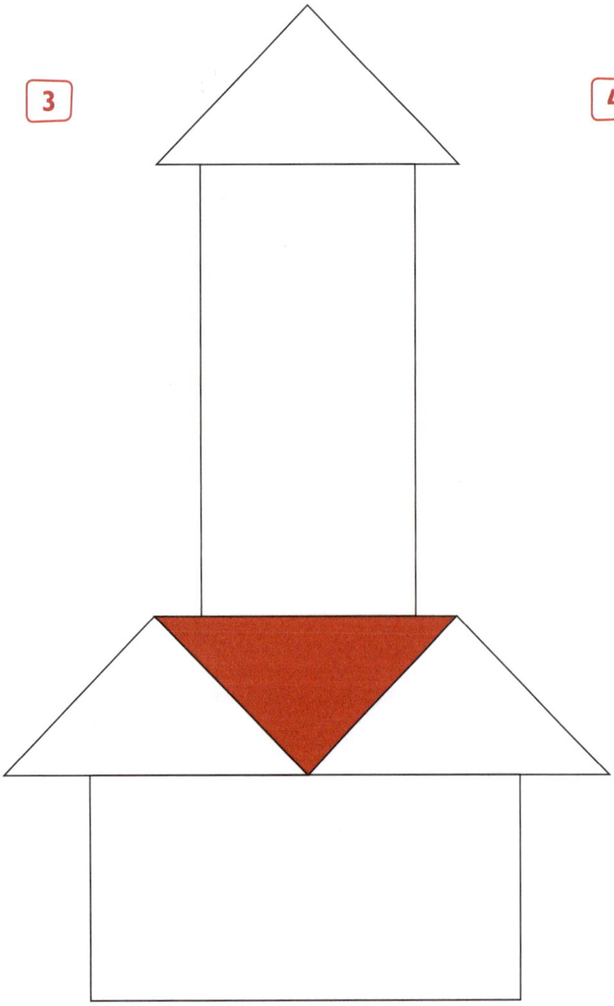

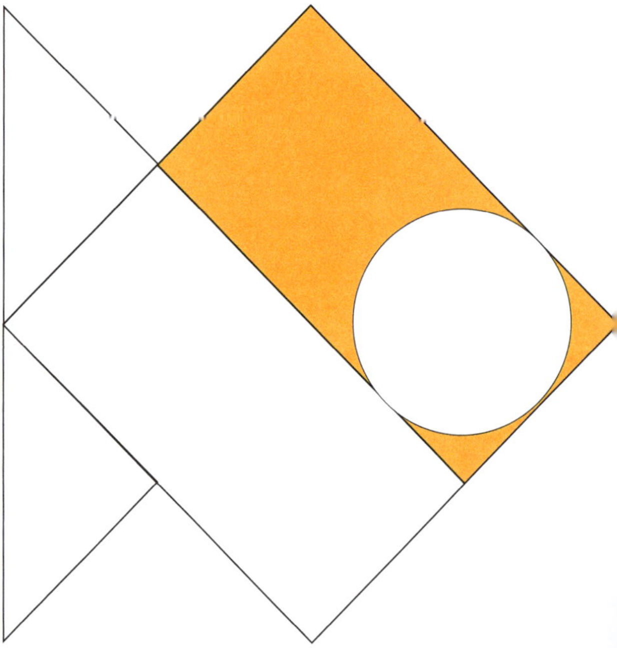

1 Lege aus. Arbeite mit dem Figurensatz.
Gib die Anzahl der verwendeten Dreiecke, Quadrate und Rechtecke an.

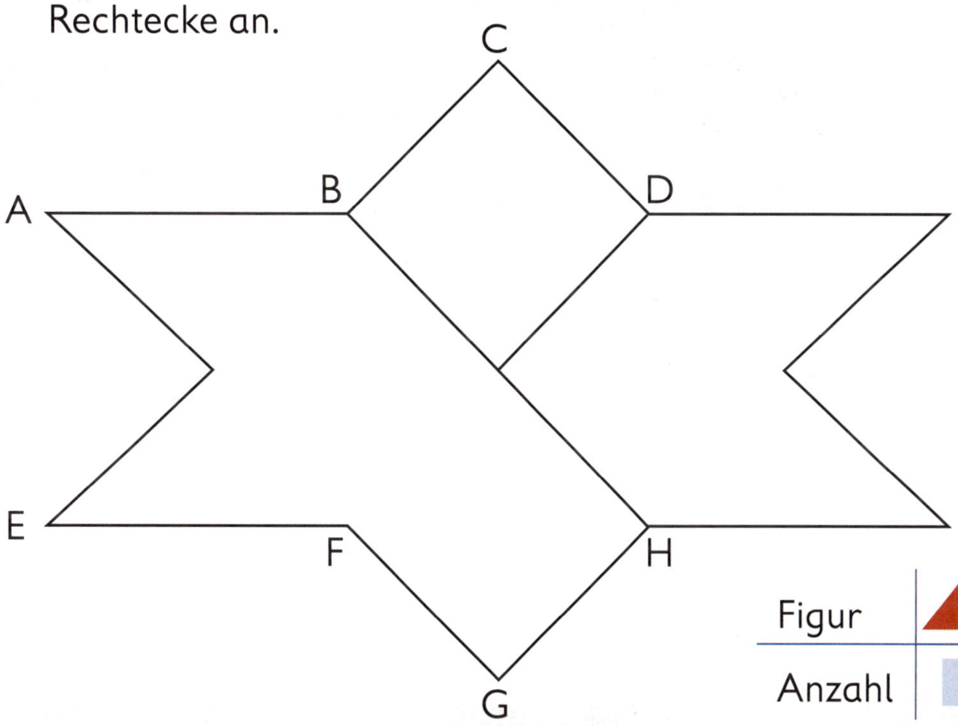

Figur	▲	■	▬
Anzahl			

Arbeite mit dem Figurensatz.
Lege Figuren mit der angegebenen Anzahl von ▲, ■ und ▬.

2

▲	■	▮
2	2	1

3

▲	■	▮	▲
2	1	1	3

4

●	▮	■	▲	▲
2	2	3	2	1

5

◣	▮	▲	■
4	2	6	2

6

■	▮	●	◣
2	1	2	2

7

▮	▲	●	▲
3	4	4	2

1: Figur mit Legeplättchen auslegen; verschiedene Möglichkeiten besprechen; Anzahl der Dreiecke, Quadrate und Rechtecke aufschreiben
2 bis 7: Figuren mit der gegebenen Anzahl von Plättchen legen

AH 49

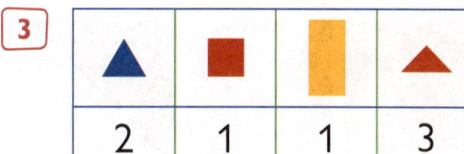

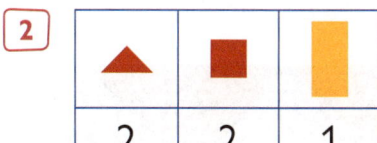

Falten und Muster legen

1 Falte so: Zeige Dreiecke und Vierecke.

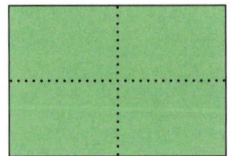 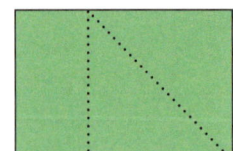 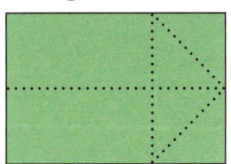 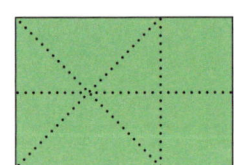

2 Falte, schneide und lege Muster.

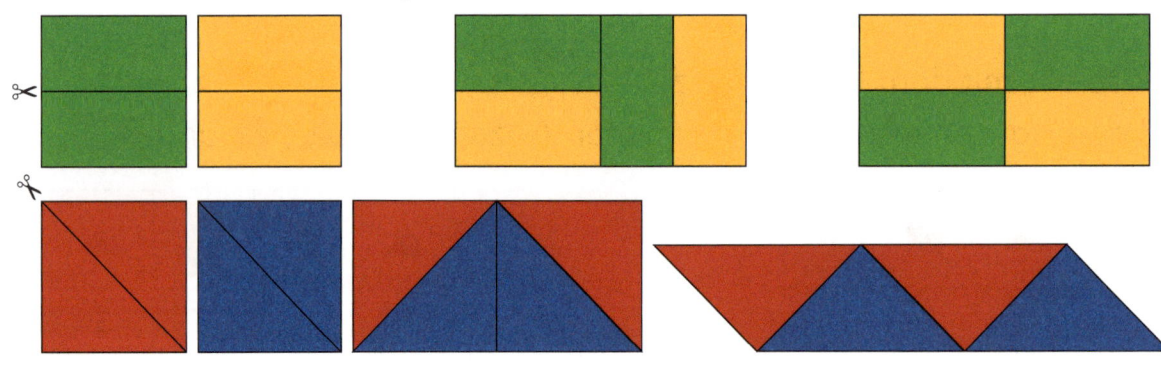

3 Falte eine Katze.

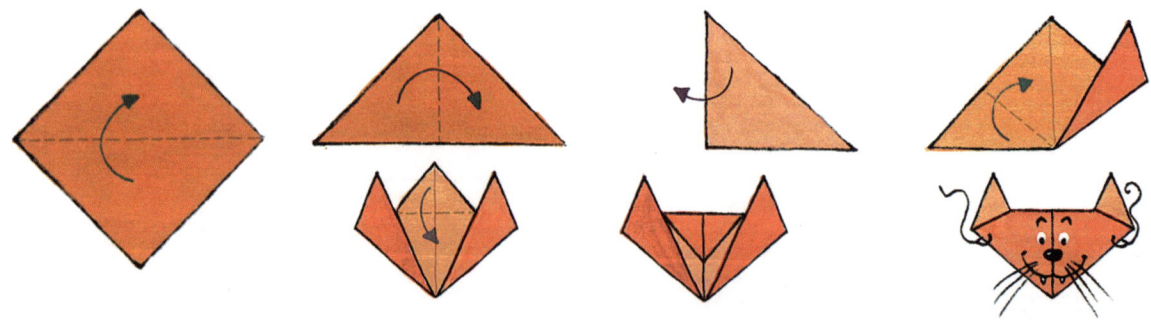

1: Falten und Entdecken von Dreiecken und Vierecken
2: Falten, schneiden und Muster nachlegen; eigene Muster finden
3: Falten einer Katze aus einem Quadrat

1 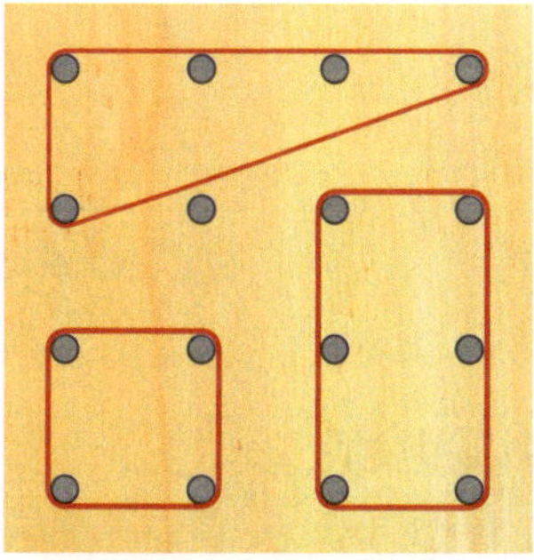 **2** 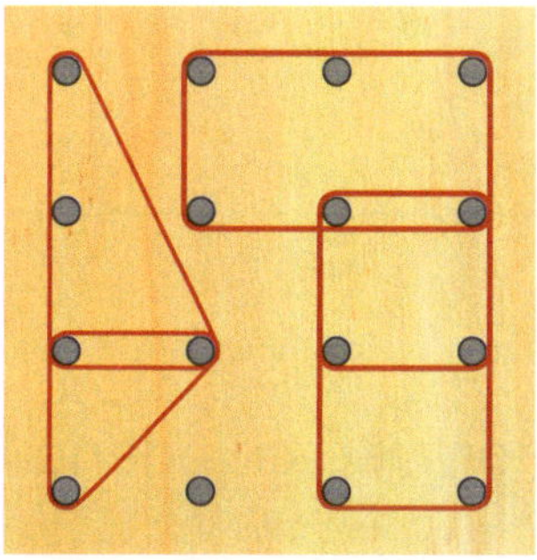 **3**

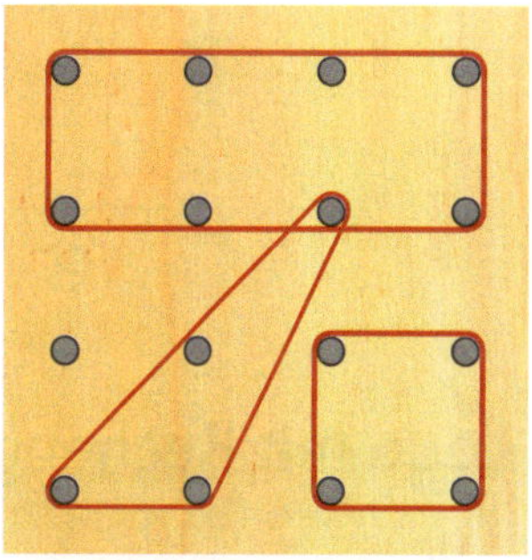

4 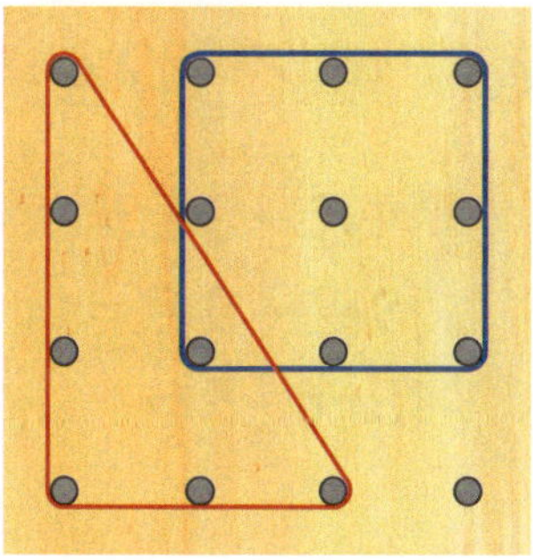 **5** 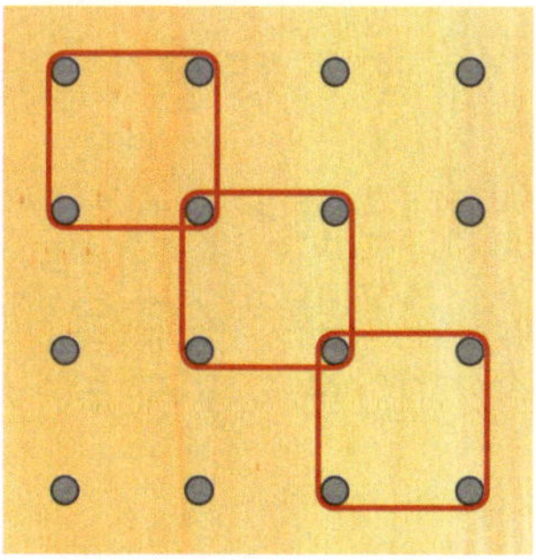 **6**

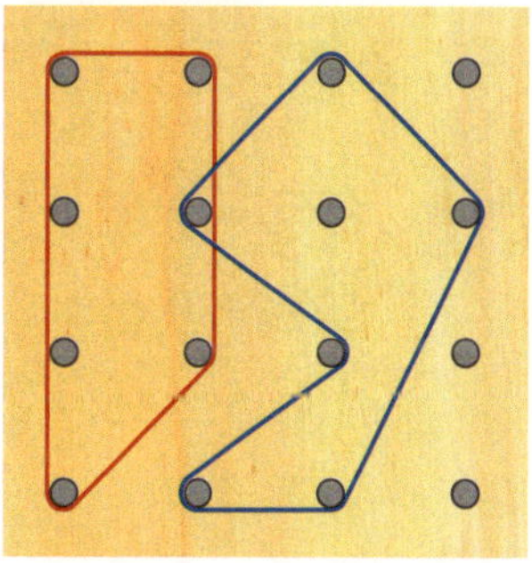

7 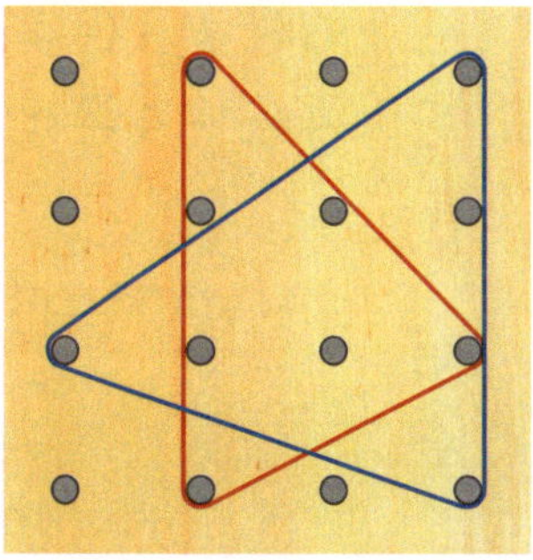 **8** 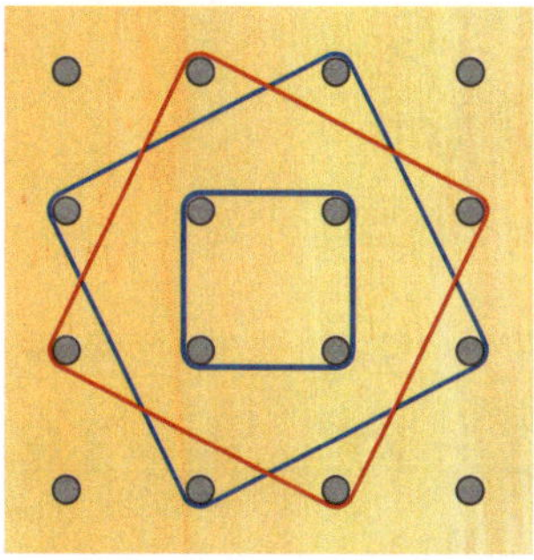 **9**

1: Figuren im Einstiegsbild erkennen und benennen; Merkmale der Figuren nennen
2 bis 8: Figuren nachspannen; Namen und Merkmale nennen
9: Eigene Figuren spannen

Geldwerte bis 20 Euro

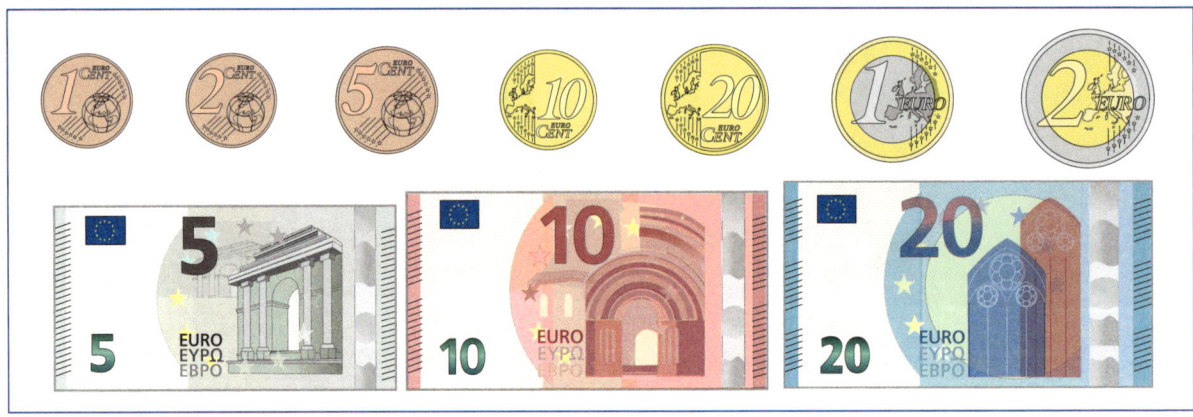

1

    ▯▯ €   ▯▯ €   ▯▯ €   ▯▯ €

Lege mit Rechengeld. Finde verschiedene Möglichkeiten.

2   19 ct   14 ct   9 ct   12 ct   11 €   13 €   17 €   18 €   20 €

3   6 €   15 ct   10 €   10 ct   15 €   5 ct   19 €   18 ct   17 €   9 ct

4

$8 € + 2 € =$ ▯▯ € $13 ct + 6 ct =$ ▯▯ ct $14 € - 3 € =$ ▯▯ €

$5 € + 4 € =$ ▯▯ € $17 ct + 2 ct =$ ▯▯ ct $19 € - 9 € =$ ▯▯ €

$11 € + 8 € =$ ▯▯ € $20 € - 7 € =$ ▯▯ € $18 ct - 5 ct =$ ▯▯ ct

5

$10 € + 3 € + 6 € =$ ▯▯ €

$20 € - 5 € - 3 € =$ ▯▯ €

$18 ct - 8 ct - 2 ct =$ ▯▯ ct

6   ▯▯ $€ - 3 € - 2 € = 12 €$

     ▯▯ $€ + 6 € + 3 € = 20 €$

     ▯▯ $€ - 4 € - 4 € = 10 €$

$6 ct + 4 ct$ $10 € - 9 €$ $9 € - 5 € + 2 €$ **WIEDERHOLE**

$3 ct + 5 ct$ $7 € - 7 €$ $3 € + 4 € + 2 €$

1	Ich kaufe	Das kostet	Ich gebe	Ich bekomme zurück
	(Auto)	5 € (Münzen)	10 €	$10 € - 9 € = \boxed{} €$
	(Bär)	5 € (Münzen)	20 €	$\boxed{} € - \boxed{} € = \boxed{} €$
	(Stifte)	5 € (Münzen)	5 € 5 €	$\boxed{} € - \boxed{} € = \boxed{} €$
	(Zug)	(Münzen)	20 €	$\boxed{} € - \boxed{} € = \boxed{} €$

2 Wer hat mehr Geld? Rechne und vergleiche.

Tom:    oder Lisa:

$5 € + 5 € + 2 € = \boxed{} €$ $\boxed{} € + 2 € + 2 € = \boxed{} €$

Maria: (5 € 5 € 5 €)   oder Ben:

$\boxed{} € + \boxed{} € + \boxed{} € = \boxed{} €$ $\boxed{} € + \boxed{} € + \boxed{} € = \boxed{} €$

3 Lisa hat für 6 € eingekauft. Sie bezahlt mit: (20 €)
Welche Geldrückgaben sind richtig?

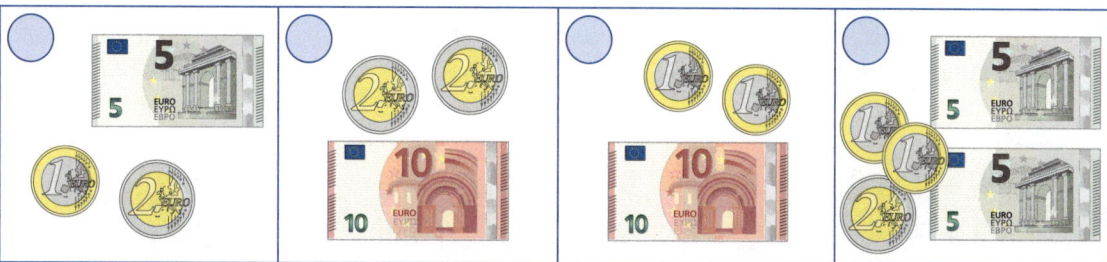

1: Subtraktionsaufgaben finden und lösen
2: Additionsaufgaben bilden und lösen; Geldbeträge vergleichen
3: Differenz berechnen, vergleichen und entscheiden

AH 50–51 | **TÜ** 49   101

Addieren mit Zehnerübergang

 $7 + 5 = $ ▢▢

So kannst du rechnen:

$7 + 5$
$3 + 2$
$7 + 3 = 10$
$10 + 2 = 12$
$7 + 5 = 12$

○ Zerlege die zweite Zahl.
○ Ergänze zum Zehner.
○ Addiere den Rest.

So kannst du schreiben:

$7 + 5$
$7 + 3 = 10$
$10 + 2 = 12$
$7 + 5 = 12$

Zwei Sprünge:
erst bis 10, dann weiter.

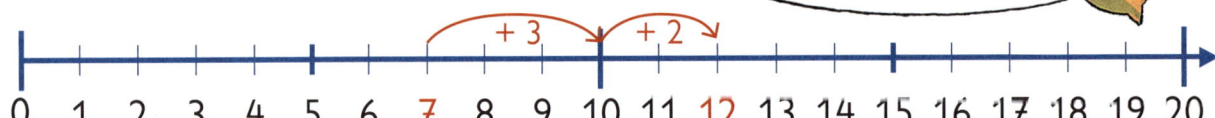

Lege die Aufgaben mit Plättchen.
Rechne dann.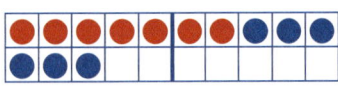

$7 + 6$
$7 + 3 = $ ▢▢
$10 + 3 = $ ▢▢
$7 + 6 = $ ▢▢

1 $9 + 5$
$9 + $ ▢ $ = $ ▢▢
▢▢ $ + 4 = $ ▢▢
$9 + 5 = $ ▢▢

2 $6 + 6$
$6 + $ ▢ $ = $ ▢▢
▢▢ $ + $ ▢ $ = $ ▢▢
$6 + 6 = $ ▢▢

3 $8 + 7$
$8 + $ ▢ $ = $ ▢▢
▢▢ $ + $ ▢ $ = $ ▢▢
$8 + 7 = $ ▢▢

1. $6 + 4$	2. $2 + 8$	3. $9 + 1$	4. $4 + 6$	5. $1 + 9$	**WIEDERHOLE**
$3 + 7$	$8 + 2$	$5 + 5$	$4 + 4$	$7 + 3$	

1 Tom schreibt seinen Rechenweg so auf:

$7 + 5 =$		$7 + 3 + 2$
$7 + 5 = 1 0 + 2$		
$7 + 5 = 1 2$		

Was hat er anders gemacht?

2 Rechne wie Tom.

$8 + 3 = 8 + 2 + 1$ $9 + 7 = 9 + \square + \square$ $7 + 6 = \square + \square + \square$

$8 + 3 = 10 + \square$ $9 + 7 = 10 + \square$ $7 + 6 = \square + \square$

$8 + 3 = \square\square$ $9 + 7 = \square\square$ $7 + 6 = \square\square$

Du kannst auch wie Anna oder Max rechnen:

Erkläre wie diese Kinder rechnen.

$8 + 6 = \square\square$

Erster Summand −1
Zweiter Summand +1

Anna rechnet so:
$8 + 8 = 16$, dann -2
$16 - 2 = 14$
Also ist
$8 + 6 = 14$.

Max rechnet so:
$7 + 7 = 14$
Also ist
$8 + 6 = 14$.

3 Rechne wie Anna oder Max.

$6 + 5 = \square\square$ $8 + 7 = \square\square$ $7 + 5 = \square\square$ $7 + 9 = \square\square$

4 Welche Aufgabe gehört zum Punktbild? Schreibe auf und löse sie.

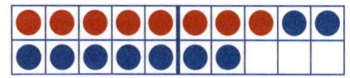 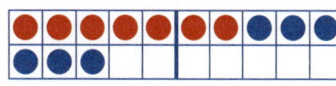 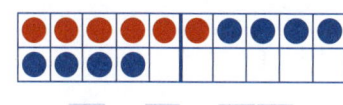

$8 + \square = \square\square$ $\square + \square = \square\square$ $\square + \square = \square\square$

5 Rechne wie du möchtest.

$6 + 7 = \square\square$ $9 + 6 = \square\square$ $4 + 7 = \square\square$ $7 + 5 = \square\square$

$9 + 5 = \square\square$ $6 + 5 = \square\square$ $9 + 8 = \square\square$ $8 + 9 = \square\square$

$8 + 4 = \square\square$ $9 + 4 = \square\square$ $6 + 6 = \square\square$ $9 + 3 = \square\square$

1: Rechenwege erfassen und sprachlich darstellen   2: Nach gegebenen Rechenwegen addieren
3: Rechenweg auswählen und addieren   4: Aufgaben zum Punktbild finden und lösen
5: Rechenweg auswählen und addieren   **AH** 52 | **TÜ** 50   103

Subtrahieren mit Zehnerübergang

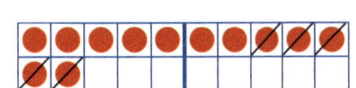 $12 - 5 = \boxed{}$

So kannst du rechnen:

$12 - 5$

$2 + 3$

$12 - 2 = 10$

$10 - 3 = 7$

$12 - 5 = 7$

○ Zerlege die zweite Zahl.
○ Subtrahiere zum Zehner.
○ Subtrahiere den Rest.

So kannst du schreiben:

$12 - 5$

$12 - 2 = 10$

$10 - 3 = 7$

$12 - 5 = 7$

Zwei Sprünge rückwärts erst bis 10, dann weiter.

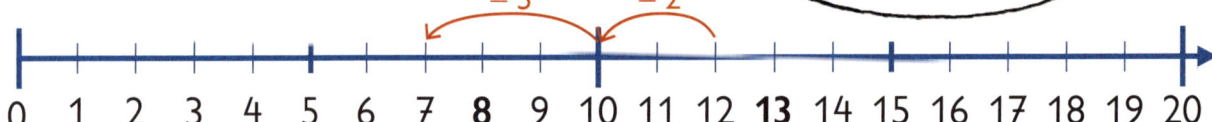

0 1 2 3 4 5 6 7 **8** 9 10 11 12 **13** 14 15 16 17 18 19 20

Lege die Aufgaben mit Plättchen.
Rechne dann.

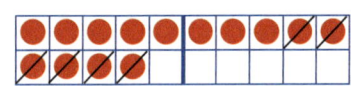

$14 - 6$

$14 - 4 = \boxed{}\boxed{}$

$10 - 2 = \boxed{}\boxed{}$

$14 - 6 = \boxed{}$

1 $11 - 7$

$11 - \boxed{} = 10$

$10 - \boxed{} = \boxed{}$

$11 - 7 = \boxed{}$

2 $17 - 8$

$17 - \boxed{} = 10$

$10 - \boxed{} = \boxed{}$

$17 - 8 = \boxed{}$

3 $15 - 9$

$15 - \boxed{} = \boxed{}$

$\boxed{} - \boxed{} = \boxed{}$

$15 - 9 = \boxed{}$

1. $18 - 8$ 2. $19 - 9$ 3. $17 - 6$ 4. $15 - 6$ 5. $12 - 2$ **WIEDERHOLE**
$14 - 4$ $11 - 1$ $16 - 6$ $13 - 3$ $10 - 0$

1 Maria schreibt ihren Rechenweg so auf:

Was hat sie anders gemacht?

1	2	−	8	=	1	2	−	2	−	6
1	2	−	8	=	1	0	−	6		
1	2	−	8	=		4				

2 Rechne wie Maria.

12 − 5 = 12 − 2 − 3   15 − 7 = 15 − ☐ − ☐   14 − 6 = ☐ ☐ − ☐ − ☐

12 − 5 = 10 − ☐   15 − 7 = 10 − ☐   14 − 6 = ☐ ☐ − ☐

12 − 5 = ☐   15 − 7 = ☐   14 − 6 = ☐

Du kannst auch wie Anna oder Max rechnen.

Erkläre wie diese Kinder rechnen.

Mit Nachbar- aufgaben rechnen

Weil 14 = 10 + 4 ist, rechne ich erst 10 − 6 und dann + 4.

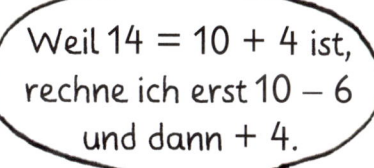

Anna rechnet so:

Wenn   7 + 7 = 14,

dann ist 14 − 7 = 7

und   14 − 6 = 8.

14 − 6 = ☐

Max rechnet so:

14 − 6 = 10 − 6 + 4

14 − 6 = 4 + 4

14 − 6 = 8

3 Rechne wie Anna oder Max.

12 − 7 = ☐   15 − 8 = ☐   13 − 6 = ☐   17 − 9 = ☐

4 Finde zum Punktbild die richtige Aufgabe.
Schreibe sie auf und löse sie.

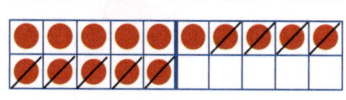 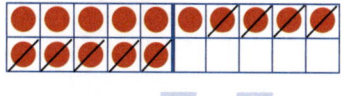 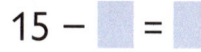

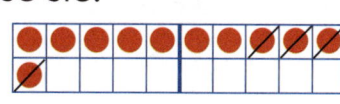 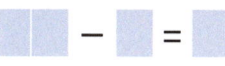

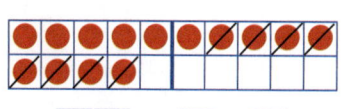

15 − ☐ = ☐   ☐ ☐ − ☐ = ☐   ☐ ☐ − ☐ = ☐

5 Rechne wie du möchtest.

13 − 6 = ☐   11 − 6 = ☐   16 − 7 = ☐   18 − 9 = ☐

14 − 5 = ☐   13 − 9 = ☐   15 − 6 = ☐   16 − 8 = ☐

13 − 4 = ☐   12 − 8 = ☐   14 − 7 = ☐   12 − 7 = ☐

Addieren und Subtrahieren mit Zehnerübergang

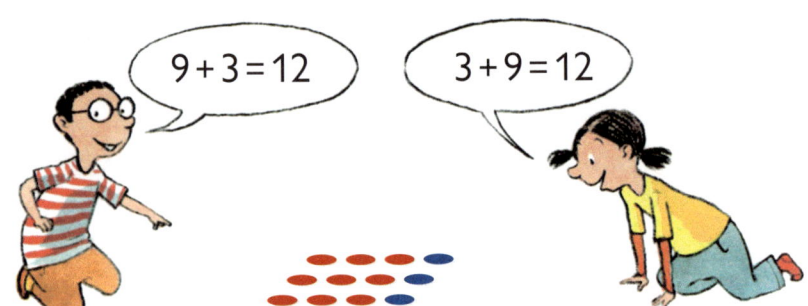

9 + 3 = 12

3 + 9 = 12

1 Rechne.
Vertausche die Summanden.
Vergleiche die Ergebnisse.

8 + 4 =	8 + 6 =	4 + 9 =	6 + 5 =
4 + 8 =	7 + 9 =	5 + 7 =	3 + 8 =

2 Vervollständige den Satz in deinem Heft:

3 + 9 = 12

9 + 3 = 12

Die Summanden darf man _____.

Die Summe bleibt _____.

Bilde Aufgaben und löse sie.

3

8 + 3 =

4

13 − 3 =

5

7 ct + 6 ct = ct	9 ct + 5 ct = ct	6 ct + 8 ct = ct
12 ct − 4 ct = ct	14 ct − 8 ct = ct	15 ct − 9 ct = ct
16 ct − 7 ct = ct	5 ct + 7 ct = ct	18 ct − 9 ct = ct
7 ct + 9 ct = ct	16 ct − 8 ct = ct	7 ct + 8 ct = ct

1: Addieren mit und ohne Vertauschen der Summanden   2: Merksatz vervollständigen
3 und 4: Additions- und Subtraktionsaufgaben bilden und lösen
5: Addieren/Subtrahieren mit Geldbeträgen

Rechne vorteilhaft.

$6 + 9 = \boxed{}$

weil $10 - 1 = 9$ ist,
rechne $6 + 10 - 1 = 15$

$15 - 9 = \boxed{}$

Rechne erst: $15 - 10 = 5$
Rechne dann: $5 + 1 = 6$
$15 - 9 = 6$

1

$4 + 9$	$7 + 9$	$3 + 9$
$8 + 9$	$5 + 9$	$9 + 9$

2

$13 - 9$	$16 - 9$	$17 - 9$
$12 - 9$	$14 - 9$	$18 - 9$

Bilde Aufgabenfamilien.

3

$9 + 7 = 16$ $16 - 9 = \boxed{}$
$7 + \boxed{} = \boxed{}$ $16 - \boxed{} = \boxed{}$

4

$\boxed{} + \boxed{} = \boxed{}$ $\boxed{} - \boxed{} = \boxed{}$
$\boxed{} + \boxed{} = \boxed{}$ $\boxed{} - \boxed{} = \boxed{}$

5

6

7

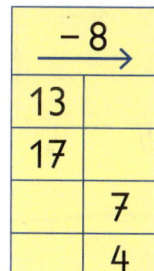

8   <, = oder >

$6 + 7 \bigcirc 12$		$13 - 4 \bigcirc 8$
$4 + 8 \bigcirc 13$		$16 - 8 \bigcirc 9$
$7 + 7 \bigcirc 14$		$15 - 7 \bigcirc 7$
$9 + 6 \bigcirc 15$		$12 - 6 \bigcirc 6$

9

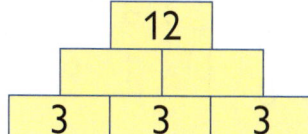 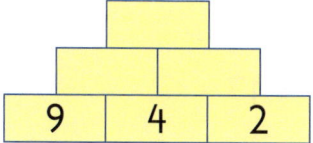 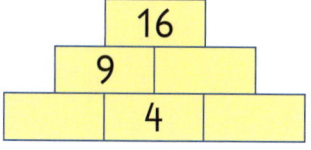

10

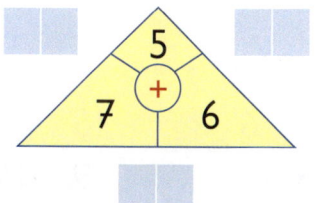 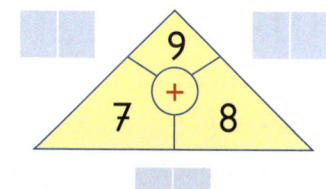 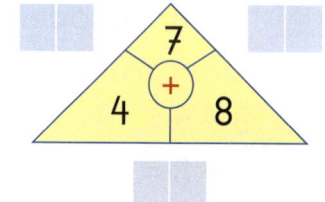

1 und 2: Rechenvorteil erkennen und anwenden   3 bis 6: Aufgabenfamilien bilden
7: Aufgaben erkennen und lösen   8: Relationszeichen setzen
9 und 10: Rechenmauern und Rechendreiecke lösen

AH 54 | **TÜ** 52–53   107

Gleichungen und Ungleichungen

8 + 4   12

8 + 4 = 12

12   7 + 5

12 = 7 + 5

1

16 + 4 = ☐☐	19 − 8 = ☐☐	17 + ☐ = 20
9 + 8 = ☐☐	16 − 7 = ☐☐	14 + ☐ = 18
7 + 11 = ☐☐	12 − 9 = ☐☐	16 + ☐ = 19
5 + 9 = ☐☐	18 − 8 = ☐☐	19 − ☐ = 15
8 + 7 = ☐☐	17 − 9 = ☐☐	20 − ☐ = 17

3 4 8
10 18 20
11 15 14
9 3 4
3 17 3

2

☐☐ + 14 = 19	16 = 13 + ☐	☐☐ = 6 + 11
☐☐ + 11 = 20	20 = 12 + ☐	☐☐ = 10 + 10
☐☐ + 3 = 16	17 = 20 − ☐	☐☐ = 9 + 4
☐☐ − 6 = 14	14 = 20 − ☐	☐☐ = 12 − 6
☐☐ − 4 = 15	11 = 17 − ☐	☐☐ = 20 − 8

20 19 13
5 9 6 6
3 8 3 13
12 17 6 20

3 Wahr **w** oder falsch **f** ?
Überprüfe das Ergebnis mit der Umkehraufgabe.

8 + 9 = 17	14 − 9 = 6	20 = 13 + 6	15 = 20 − 5
4 + 8 = 12	15 − 7 = 8	20 = 9 + 11	9 = 14 − 5

1 und 2: Platzhalter mit Zahlen belegen
3: Umkehroperation zur Überprüfung anwenden   **AH** 55 | **TÜ** 54

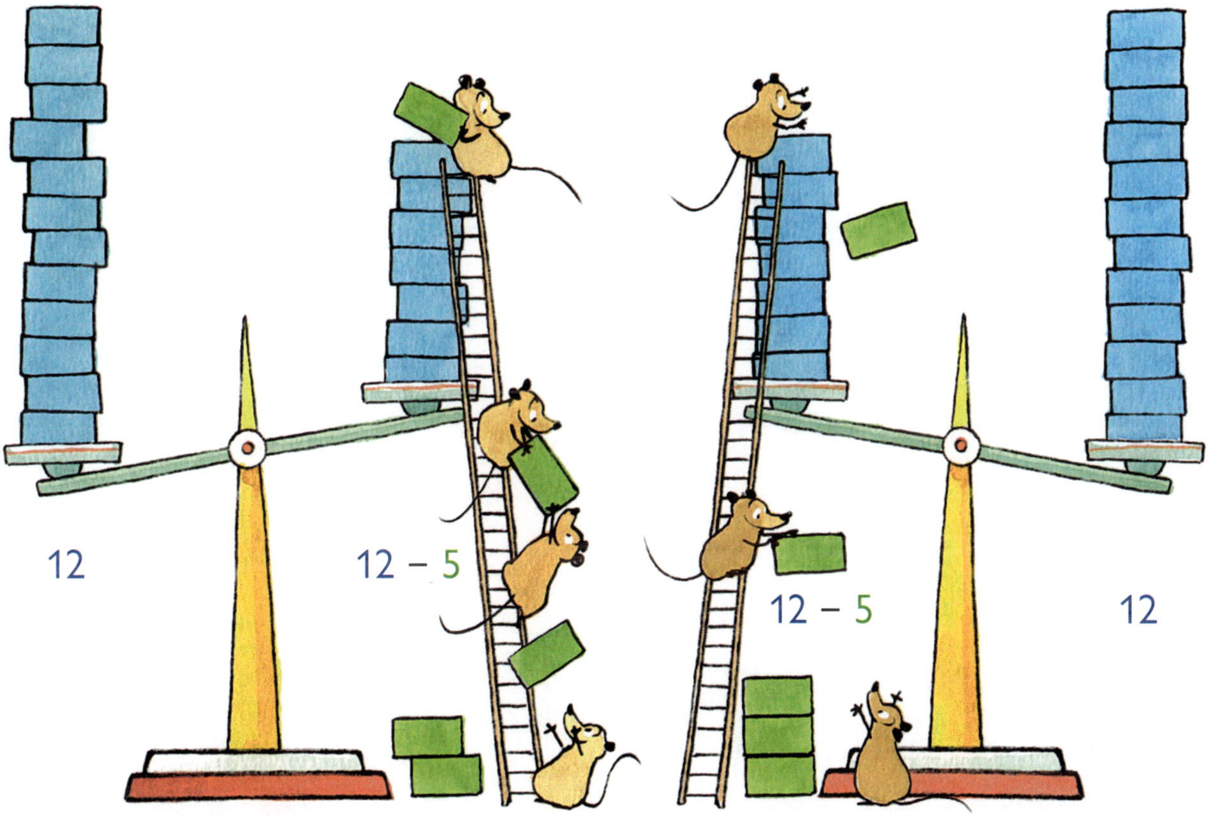

12 12 − 5 12 − 5 12

12 > 12 − 5 12 − 5 < 12

1 Setze das richtige Zeichen:
< = >.

12 + 5 ◯ 19		11 + 2 ◯ 13	
6 + 11 ◯ 16		15 − 4 ◯ 12	
9 + 7 ◯ 20		19 − 5 ◯ 11	
10 + 4 ◯ 14		16 + 2 ◯ 19	
9 + 9 ◯ 18		13 + 7 ◯ 20	

2 Welche Zahlen kannst du einsetzen?

13 + ▢ < 20	12 + ▢ > 15
17 + ▢ < 19	14 + ▢ > 18
12 + ▢ < 15	8 + ▢ > 13
16 − ▢ < 11	20 − ▢ > 17
19 − ▢ < 17	17 − ▢ > 11

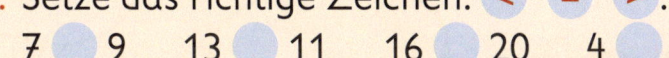

WIEDERHOLE

1. Setze das richtige Zeichen: < = >.
   7 ◯ 9   13 ◯ 11   16 ◯ 20   4 ◯ 4   17 ◯ 7   18 ◯ 18

2. 9 + 8   6 + 9   14 − 7   19 − 9   6 + 13   16 − 8

Sachaufgaben – Fragen finden und beantworten

1 Die Klasse macht einen Ausflug.

Das sehe ich auf dem Bild:

    Kinder sind im Bus.

    Kinder stehen vor dem Bus.

Danach frage ich:

_____

So kann ich rechnen: ■ ● ■ = ■■

Das ist die Antwort auf die Frage:

_____

2 Auf einer Wiese sehen die Kinder Kühe, Pferde und Schafe.

Das sehe ich auf dem Bild:

    Kühe

    Pferde

    Schafe

Danach frage ich:

_____

So kann ich rechnen: ■ ● ■ ● ■ = ■■

Das ist die Antwort auf die Frage:

_____

3 Wonach kannst du fragen? Antworte auf die Frage.

Ich kaufe 4 Gänse.

Ich kaufe 9 Gänse.

20 Gänse zu verkaufen

Im Regal stehen 7 Bücher. Tom stellt 9 Bücher dazu. Wie viele Bücher sind es insgesamt?

Ich unterstreiche im Text die wichtigsten Angaben.

Das steht in der Aufgabe:
7 Bücher stehen im Regal.
9 Bücher stellt Tom dazu.

Danach wird gefragt:
Wie viele Bücher sind es zusammen?

So kann ich rechnen:
7 + 9 = **16**

Das ist die Antwort auf die Frage:
Es sind zusammen **16** Bücher.

Die Frage beantworte ich mit einem Satz.

1 Maria hat 17 Sticker. Sie verschenkt davon 8 Sticker. Wie viele Sticker hat sie dann noch?

Das steht in der Aufgabe:
☐ Sticker hat Maria.
☐ Sticker verschenkt sie.

Danach wird gefragt:
_____

So kann ich rechnen:
 = ☐

Das ist die Antwort auf die Frage:
_____

Kombinieren

1 Wie viele verschiedene Türme kannst du bauen?
Lege die Möglichkeiten mit Plättchen.

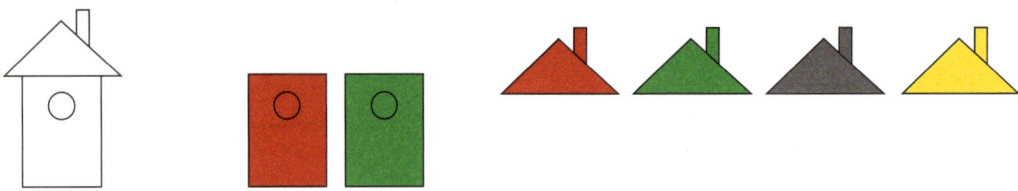

2 Wie viele verschiedene Boote kannst du bauen?
Trage die Möglichkeiten in eine Tabelle ein.

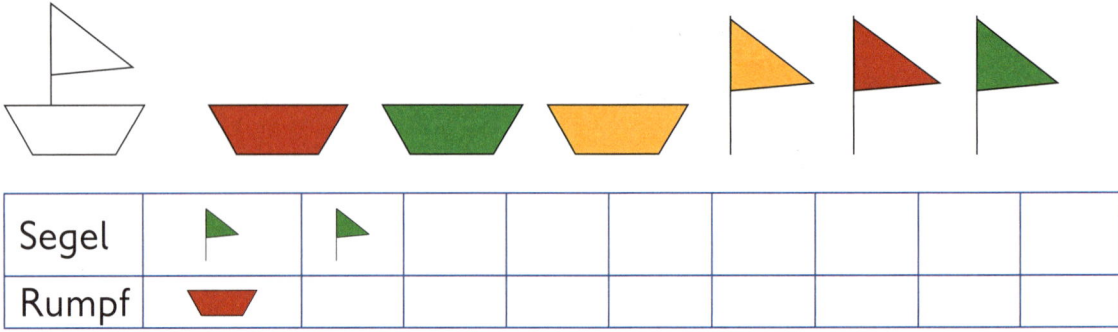

Segel								
Rumpf								

3 Max und Lisa legen mit ihren Ziffernkarten zweistellige Zahlen.
Welche Zahlen sind das? Schreibe alle auf.

4 Welche Wörter sind in den Buchstabendreiecken versteckt?
Wie viele Möglichkeiten findest du, diese Wörter zu lesen?

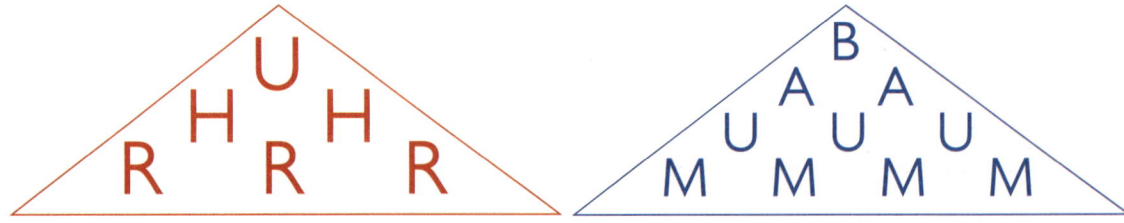

1 und 2: Alle Möglichkeiten durch Legen bzw. Eintragen in die Tabelle ermitteln
3: Alle Zahlen aufschreiben; Anzahl vergleichen
112   4: Wörter finden; Möglichkeiten des Lesens durch Linien einzeichnen   AH 57–59

1 Wie viele verschiedene Möglichkeiten hat Tom,
sich mit diesen 5 Kleidungsstücken umzuziehen?
Vervollständige die Tabelle im Heft.

2 Lege die Figuren mit 8 Dreiecken. Finde weitere Figuren.

3 Wie viele verschiedene Wege findest du,
um von der Schule zur Schwimmhalle zu kommen?
Zeige deinem Lernpartner die Wege.

1: Kombinationsmöglichkeiten finden und in die Tabelle eintragen
2: Weitere Kombinationsmöglichkeiten mit 8 Dreiecken finden
3: Verschiedene Wege finden, ihren Verlauf kennzeichnen und beschreiben

Gekrümmte und gerade Linien

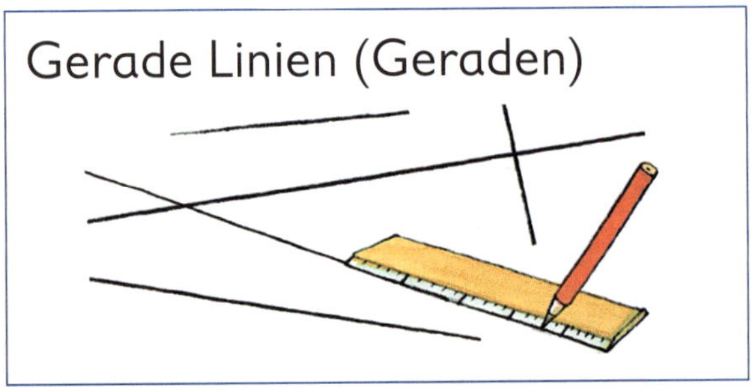

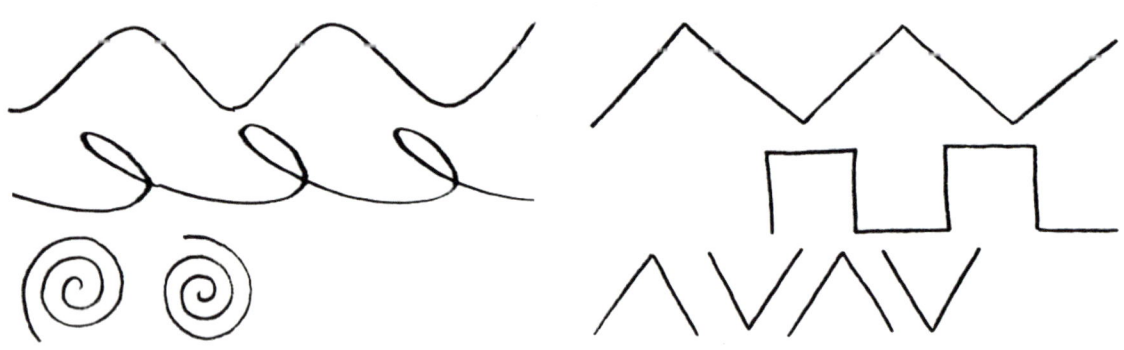

Gekrümmte Linien	Gerade Linien (Geraden)

1 Lege mit Fäden oder mit Stäbchen nach. Setze fort.

2 Finde gekrümmte und gerade Linien.

A D F G R M

1 8 4 7 2 5

Bild: Kennen lernen von gekrümmten und geraden Linien
1: Nachlegen mit Fäden oder Stäbchen
2: Erkennen und Zeigen von gekrümmten und geraden Linien (evtl. nachziehen)

Geraden und Punkte

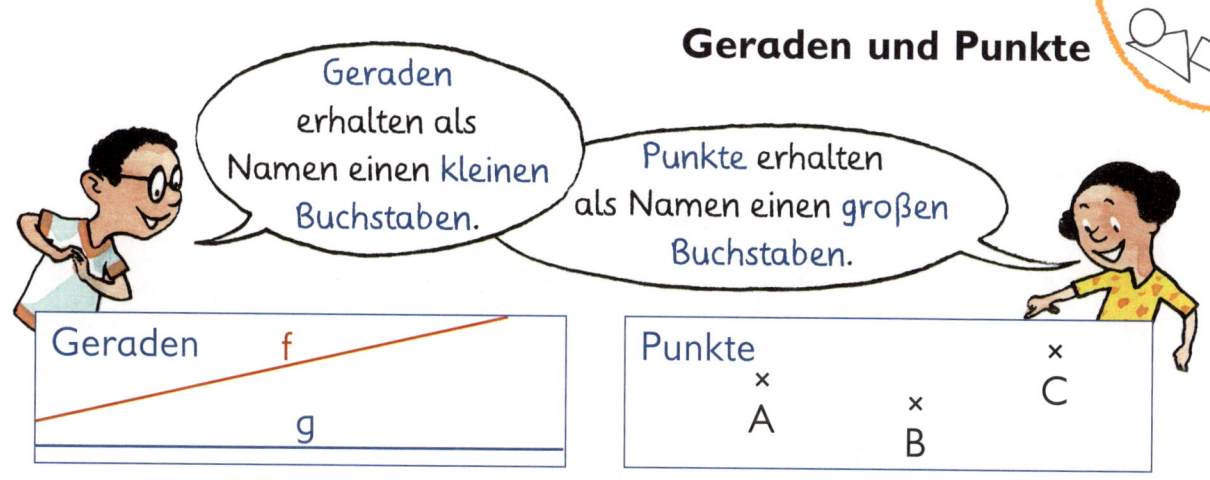

Geraden erhalten als Namen einen kleinen Buchstaben.

Punkte erhalten als Namen einen großen Buchstaben.

Geraden   f   g

Punkte   × A   × B   × C

1 Wo liegen die Punkte? Beschreibe ihre Lage.

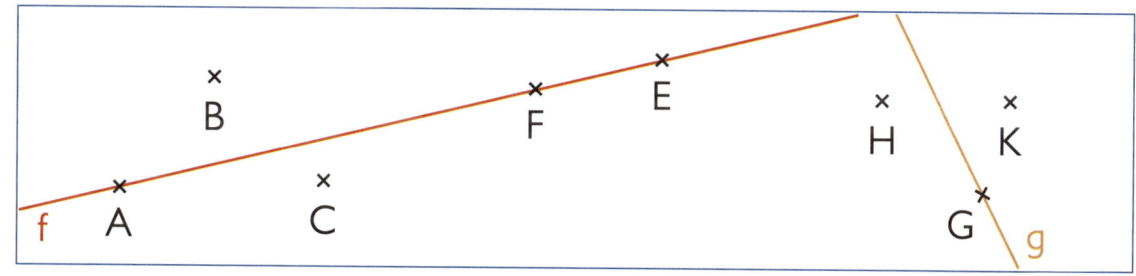

2 Nenne 3 Punkte, die auf einer Geraden liegen.
Lege dazu das Lineal an.

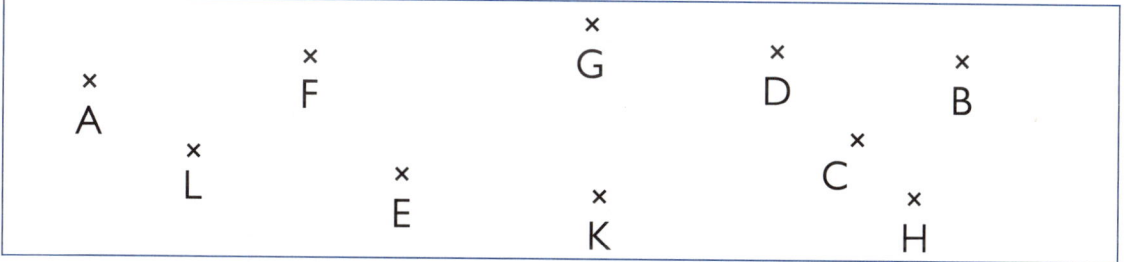

3 Wo könnten die Punkte liegen? Zeige.

C liegt auf der Geraden g zwischen A und B.

F liegt auf der Geraden g links von A.

K liegt über der Geraden g. D liegt unter der Geraden g.

H liegt auf der Geraden g rechts von B.

g   × A   × B

Strecken

Eine Strecke hat einen Anfangspunkt und einen Endpunkt.

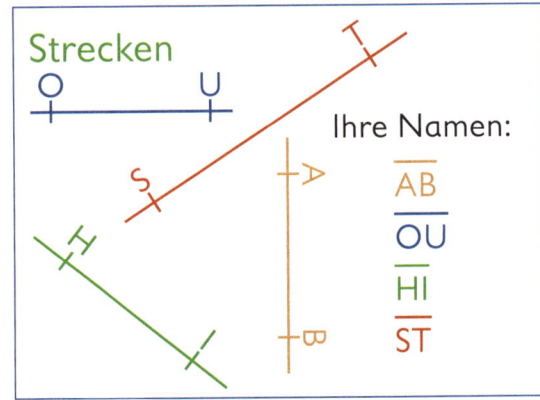

Strecken

Ihre Namen:
$\overline{AB}$
$\overline{OU}$
$\overline{HI}$
$\overline{ST}$

1 Vergleiche die Länge der Strecken.

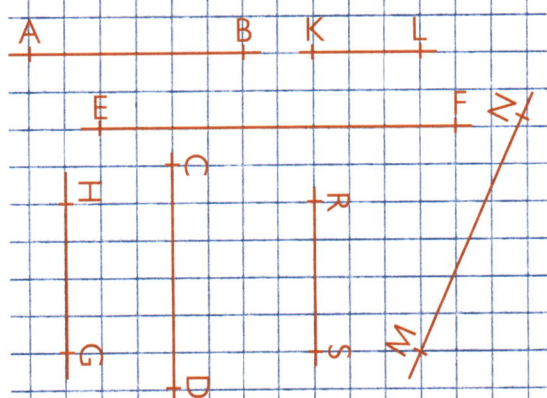

Die Strecke $\overline{AB}$ ist kürzer als die Strecke $\overline{EF}$.

Die Strecke $\overline{CD}$ ist länger als die Strecke ▢▢ .

Die Strecke $\overline{HG}$ und die Strecke ▢▢ sind gleich lang .

2 Finde an den Dreiecken und Vierecken gleich lange Strecken.

Bild: Strecken entdecken und inhaltlich erfassen; Eigenschaften von Strecken erkennen
1: Vergleichen der Länge der Strecken   2: Finden von gleich langen Strecken

	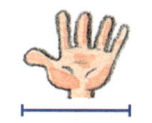	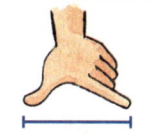	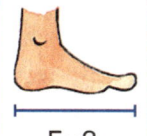	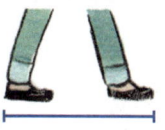	
Daumenbreite	Handspanne	Fingerspanne	Fuß	Schritt	Armspanne

1 Wie viel Fuß sind es?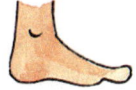

                                       geschätzt   gemessen

   Breite der Tür: _____   _____

   Breite des Schrankes: _____   _____

2 Wie viele Fingerspannen sind es?

   Breite des Schülertisches:  _____   _____

   Länge der Fensterbank: _____   _____

3 Wie viele Daumenbreiten sind es?

   Breite des Hausaufgabenheftes: _____   _____

   Breite der Federmappe: _____   _____

4 Vergleicht eure Ergebnisse miteinander. Was stellt ihr fest?

Zentimeter

Lineal
Gliedermaßstab
Maßband

1 Zentimeter
1 cm

1 cm

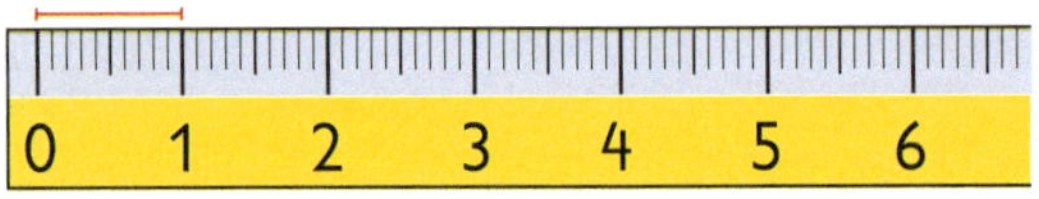

| | 0 | 1 | 2 | 3 | 4 | 5 | 6 |

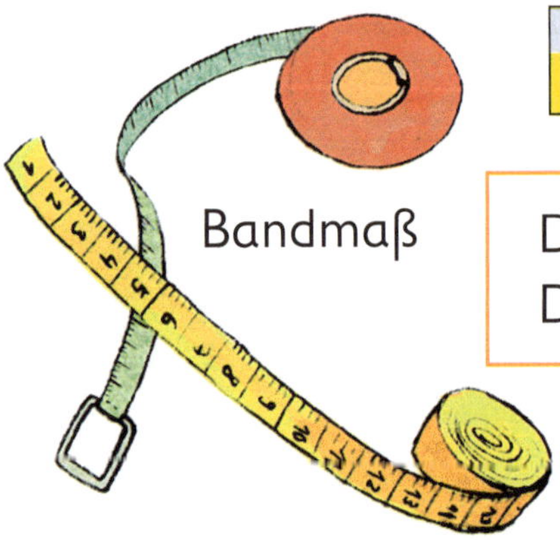

Bandmaß

Geodreieck

Du schreibst: 1 cm **MERKE DIR**
Du sprichst: ein Zentimeter

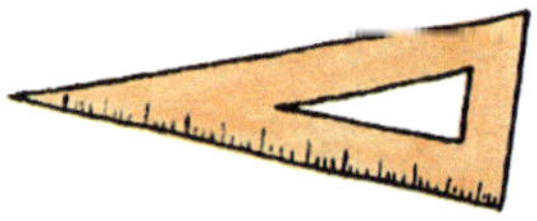

Schneidermaßband

Zeichendreieck

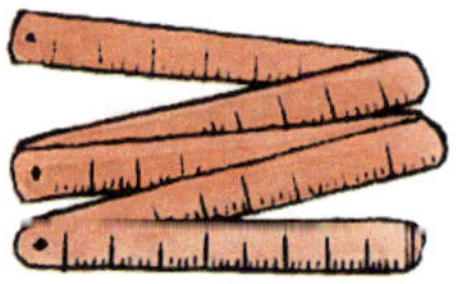

Gliedermaßstab
(Zollstock)

1 Wie lang sind die Gegenstände? Schätze und miss nach.

KLEB-
STIFT

So kannst du eine Strecke $\overline{AB}$ = 4 cm zeichnen.

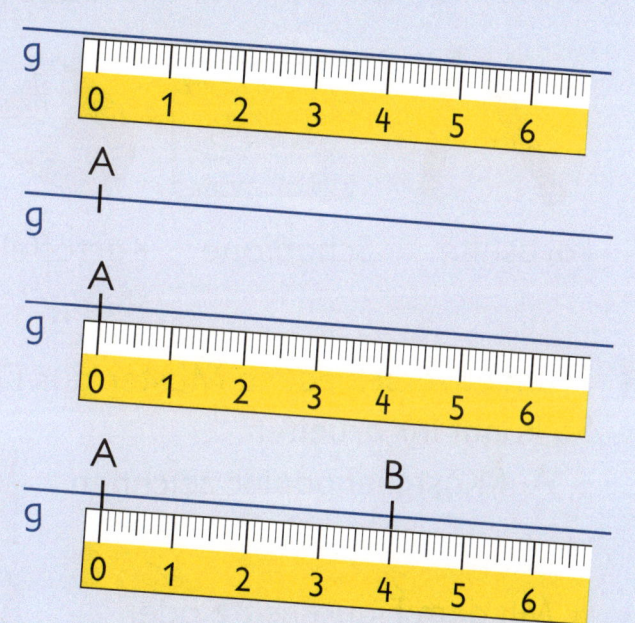

1. Zeichne eine Gerade g.

2. Trage auf g den Punkt A an.

3. Lege das Lineal mit der Null am Punkt A an.

4. Miss 4 cm ab und trage den Punkt B an.

5. Schreibe $\overline{AB}$ = 4 cm.

Zeichne Strecken.

1
$\overline{AB}$ = 6 cm

$\overline{EF}$ = 10 cm

$\overline{LM}$ = 3 cm

$\overline{MO}$ = 14 cm

2
$\overline{AB}$ = 6 cm
Zeichne eine Strecke $\overline{GH}$, die doppelt so lang ist wie $\overline{AB}$.

$\overline{EF}$ = 10 cm
Zeichne eine Strecke $\overline{CD}$, die halb so lang ist wie $\overline{EF}$.

3 Zeichne eine Strecke $\overline{AB}$, die dreimal so lang ist wie die Strecke $\overline{CD}$ = 4 cm.

WIEDERHOLE

1. Was ist die Hälfte von 6, 8, 10, 12, 18?
2. Was ist das Doppelte von 2, 5, 7, 8, 10?

1: Strecken nach vorgegebener Längenangabe zeichnen; verschiedene Lagemöglichkeiten aufzeigen
2 und 3: Die Begriffe „doppelt", „halb" und „dreimal" verstehen und umsetzen
W: Halbieren und Verdoppeln wiederholen

Bilder und Muster gestalten

 Gestaltet ein Bild mit Dreiecken, Vierecken und Kreisen.
Diese Arbeitsmittel könnt ihr dazu nutzen:

 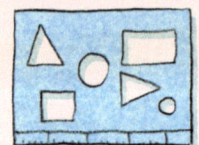  

Farbstifte   Schablone   Kartoffel-
stempel   Figurensatz   Schwämm-
chen

 Erfindet verschiedene Muster aus Dreiecken und Vierecken.
So könnt ihr arbeiten:

– Auf Kästchenpapier zeichnen

– Mit dem Figurensatz oder
mit Stäbchen legen

– Mit Würfeln bauen

– Papier falten und ausmalen.

Figuren spannen

 Spanne Figuren, Buchstaben und Zahlen auf dem Geobrett.
Dein Partner spannt sie nach.

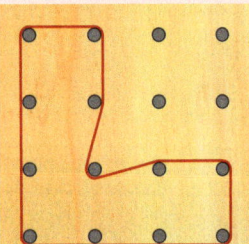 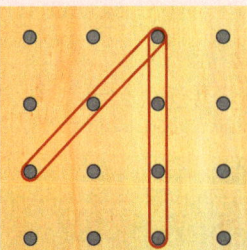 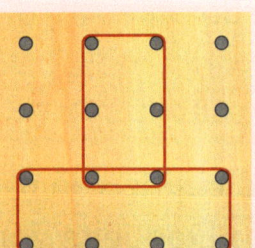 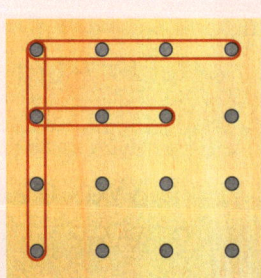

1: Gestalten eines Bildes aus Dreiecken
2: Muster aus Dreiecken und Vierecken erfinden; dabei verschiedene Arbeitstechniken anwenden
120   3: Spannen und Nachspannen auf dem Geobrett

Rechenmauern

1 Bildet eine Rechenmauer mit den Grundsteinen:

| 2 | | 3 | | 5 |

Vertauscht die Grundsteine. Was stellt ihr fest?

2 Erfindet drei Rechenmauern mit dem Zielstein 20.

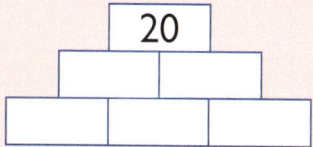 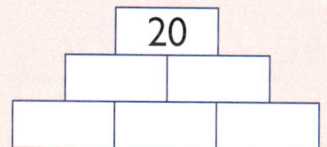 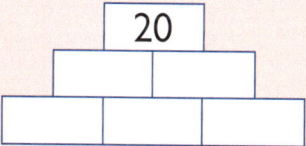

3 Trage drei Zahlen in die Mauer ein.
Dein Partner findet die fehlenden Zahlen.

Geldbeträge

4 Du nennst einen Geldbetrag.
Dein Partner legt den Betrag
mit Rechengeld.

12 Euro

5 Lege 10 €. Finde verschiedene Möglichkeiten.

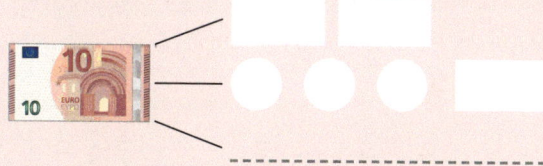

Kombinieren

6 Die Bausteine des Turmes dürfen nur mit den
Farben rot, blau und gelb ausgemalt werden.
Wie könnte der Turm aussehen?
Male alle Möglichkeiten auf.

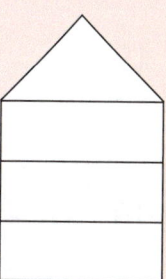

1: Rechenmauern bauen; Erkennen, wann sich der Zielstein ändert
2: Rechenmauern bauen bei gleichem Zielstein   3: Rechenmauer finden
4 und 5: Geldbeträge legen   6: Alle Kombinationsmöglichkeiten finden

121

Kann ich das schon?

1 Entscheide: länger als, kürzer als oder gleich lang.

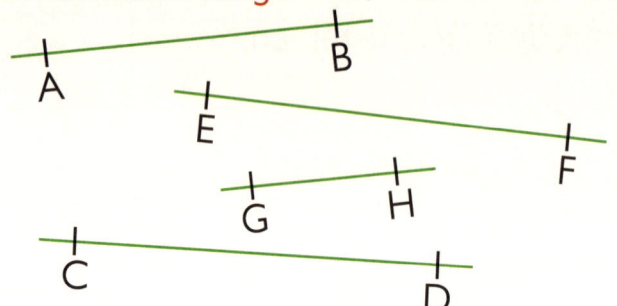

$\overline{CD}$ ist länger als ___.
___ und ___ sind gleich lang.
___ ist kürzer als ___.

2

Strecke	$\overline{AB}$	$\overline{BC}$	$\overline{CD}$	$\overline{DA}$
Länge	cm	cm	cm	cm

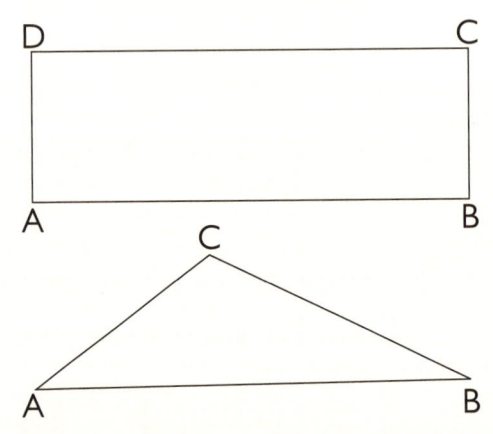

Strecke	$\overline{AB}$	$\overline{BC}$	$\overline{CA}$
Länge	cm	cm	cm

3

$9€ + 7€ = $ ☐ $€$ $16€ - 6€ = $ ☐ $€$ $12€ + $ ☐ $€ = 20€$

$5€ + 8€ = $ ☐ $€$ $14€ - 9€ = $ ☐ $€$ $14€ - $ ☐ $€ = 7€$

$6€ + 6€ = $ ☐ $€$ $15€ - 7€ = $ ☐ $€$ $13€ - $ ☐ $€ = 10€$

4

$15\,ct = 10\,ct + $ ☐ ct

$17\,ct = 9\,ct + $ ☐ ct

$16\,ct = 8\,ct + $ ☐ ct

$5\,ct + 7\,ct + 6\,ct = $ ☐ ct

$16\,ct - 8\,ct - 4\,ct = $ ☐ ct

$20\,ct - 7\,ct - 9\,ct = $ ☐ ct

5 Setze das richtige Zeichen: < = > .

$13 + 5$ ⬤ 19 $12 + 4$ ⬤ 16 9 ⬤ $15 - 7$ $7 + 9$ ⬤ 17

6

$19 - 6 = $ ☐ $9 + 7 = $ ☐ $12 - 9 = $ ☐

$18 - 5 = $ ☐ $10 + 6 = $ ☐ $13 - 8 = $ ☐

$17 - 4 = $ ☐ $11 + 5 = $ ☐ $14 - 7 = $ ☐

$16 - $ ☐ $ = $ ☐ $12 + $ ☐ $ = $ ☐ $15 - $ ☐ $ = $ ☐

$15 - $ ☐ $ = $ ☐ $13 + $ ☐ $ = $ ☐ $16 - $ ☐ $ = $ ☐

13 13 13 13
13 16 16 16
16 16 3
5 7 9 11

1 Zeichne eine Strecke $\overline{AB}$ = 6 cm.
Zeichne eine Strecke $\overline{EF}$, die doppelt so lang wie $\overline{AB}$ ist.

2 Schreibe die Aufgabenfamilien auf.

3 Lisa hat 14 Märchenbücher. 6 Bücher hat sie an Freunde aus ihrer Klasse verborgt. Wie viele Bücher kann sie noch verborgen?

4 Ben hat 9 €. Er bekommt von seinem Opa 4 € geschenkt.
Wie viel Euro hat er nun?

5 Welche geraden Zahlen liegen zwischen den Zahlen 6 und 18?
Welche ungeraden Zahlen sind größer als 9 und kleiner als 17?

6
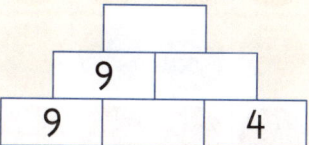

7

Wie viele △, □, ○ sind es?

8 Maria hat einen 10-Euro-Schein.
Tom hat drei 1-Euro-Stücke und vier 2-Euro-Stücke.
Wer hat mehr Geld?

Die Zehnerzahlen bis 100

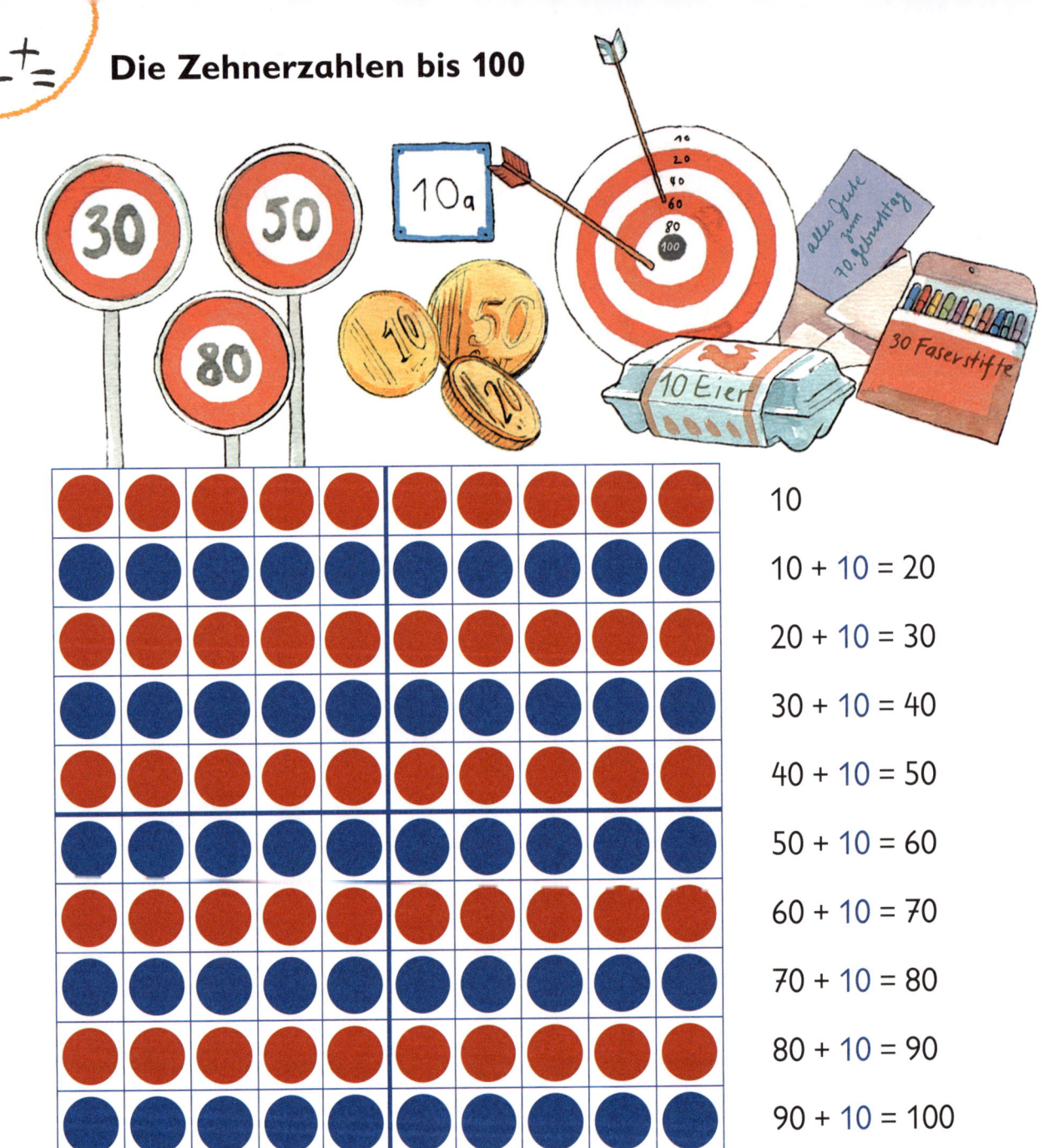

10

10 + 10 = 20

20 + 10 = 30

30 + 10 = 40

40 + 10 = 50

50 + 10 = 60

60 + 10 = 70

70 + 10 = 80

80 + 10 = 90

90 + 10 = 100

10   20   30   40   50   60   70   80   90   100

WIEDERHOLE

8 + 2 =	10 − 6 =	9 + 11 =	20 − 6 =
3 + 7 =	10 − 2 =	3 + 13 =	20 − 10 =
10 + 10 =	10 − 10 =	12 + 8 =	20 − 7 =

Bild: Wiedererkennen von Zehnerzahlen in der Umwelt; Zahlen nennen; Hunderterfeld und Zehnerzahlen besprechen; Schreibweise der Zehnerzahlen demonstrieren
W: Addition und Subtraktion bis 10 und bis 20 wiederholen

1 Ordne die richtigen Zehnerzahlen zu.

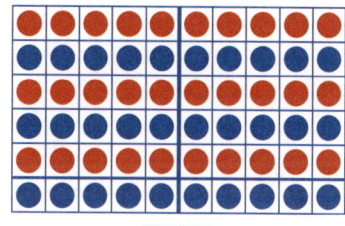
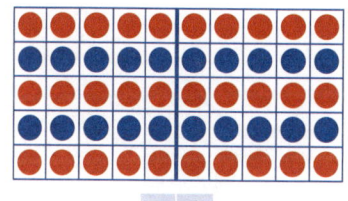

2 Lege: mit Zehnerstreifen,
40   20   80   50   70   30   100

mit 10-Cent-Münzen.
60 ct, 90 ct, 30 ct, 80 ct

3 Wie viele Würfel siehst du?

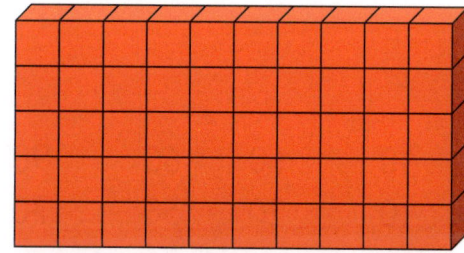
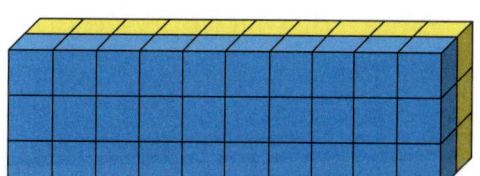

4 Wie viel Geld ist das?

5 Lege mit Rechengeld.
30 ct, 50 ct, 80 ct, 90 ct, 20 €, 50 €, 100 €, 80 €, 40 €, 10 €

6 Führe die Zahlenfolgen weiter.
10, 20, …, 100   100, 90, …, 30   20, 40, …, 100

Vergleichen und Ordnen von Zehnerzahlen

$3 < 5$

$30 < 50$

1 Vergleiche.

4 ⬤ 6   7 ⬤ 5   3 ⬤ 9   6 ⬤ 8   10 ⬤ 1
40 ⬤ 60   70 ⬤ 50   30 ⬤ 90   60 ⬤ 80   100 ⬤ 10

2 Setze das richtige Zeichen: **<** **=** **>**.

60 ⬤ 90   50 ⬤ 40   30 ⬤ 40   60 ⬤ 60   90 ⬤ 20
100 ⬤ 10   70 ⬤ 70   80 ⬤ 40   20 ⬤ 50   70 ⬤ 90

3 Ordne.
Beginne mit der **kleinsten** Zahl.   60, 90, 30, 50, 80, 100, 40
Beginne mit der **größten** Zahl.   70, 30, 90, 10, 40, 50, 60

4

Welche Zehnerzahlen sind kleiner als 50?

Welche Zehnerzahlen sind größer als 50?

Welche Zehnerzahlen liegen zwischen 20 und 50?

WIEDERHOLE

1. Vergleiche.
   7 ⬤ 4   16 ⬤ 19

2. Ordne. Beginne mit der größten Zahl.
   4, 12, 7, 9, 19, 5, 16, 20, 13, 2, 10

126

1 und 2: Zahlen vergleichen, Relationszeichen setzen
3: Zahlen nach Vorschrift ordnen   4: Zehnerzahlen nennen
W: 1: Vergleichen und Relationszeichen setzen   2: Zahlen nach Vorschrift ordnen

AH 62 | TÜ 59

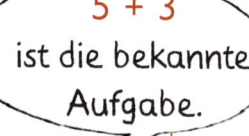

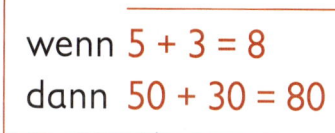
5 + 3 ist die bekannte Aufgabe.

Addieren
50 + 30
___
wenn 5 + 3 = 8
dann 50 + 30 = 80

Subtrahieren
80 – 30
___
wenn 8 – 3 = 5
dann 80 – 30 = 50

Hier ist 8 – 3 die bekannte Aufgabe.

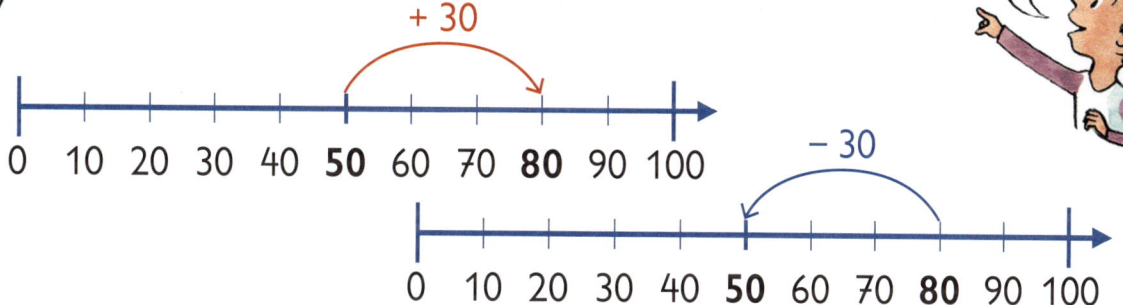

1 Löse erst die bekannte Aufgabe.

60 + 20	80 + 20	30 + 60	50 + 30
6 + 2 = ☐	8 + 2 = ☐	☐ + ☐ = ☐	☐ + ☐ = ☐
60 + 20 = ☐	80 + 20 = ☐	30 + 60 = ☐	50 + 30 = ☐

2 Berechne die Summen und Differenzen.

40 + 10 = ☐   40 + 50 = ☐   80 – 30 = ☐

10 + 80 = ☐   90 – 60 = ☐   100 – 20 = ☐

3 Bilde Aufgabenfamilien.

 70 20 90   30 50 80

70 + 20 = 90   90 – 20 = 70 │ 30 + 50 = 80   80 – 50 = ☐

20 + ☐ = ☐   90 – ☐ = ☐   │ 50 + ☐ = ☐   80 – ☐ = ☐

 40 60 100   30 70 40    70 10 80   60 90 30

 30 10 40   20 80 60   70 50 20   70 100 30

1: Bekannte Aufgaben lösen und Lösung übertragen
2: Begriffe „Summe" und „Differenz" verstehen; Aufgaben lösen
3: Aufgabenfamilien bilden

AH 63 | TÜ 60   127

Alle Zahlen bis 100 – die Hundertertafel

35 = 30 + 5

Ich lege 3 Zehnerstreifen und 5 Einerplättchen.

30 + 5 = 35

1 Welche Zahlen sind hier dargestellt?

	Z	E

	Z	E

	Z	E

	Z	E

	Z	E

2 Lege folgende Zahlen: 56, 74, 26, 89, 93, 42, 33, 70 und 62.
Denke dir weitere Zahlen aus.

3 Zerlege in Zehner und Einer.

	Z	E
42	4	2
36		
27		
80		

	Z	E
69		
77		
91		
58		

4 Wie heißt die Zahl?

	Z	E
	3	7
	5	9
	6	1
	2	8

	Z	E
	9	9
	6	0
	4	1
	8	3

5 Nenne die Zahlen.

0   10   20   30   40   50   60   70   80   90   100

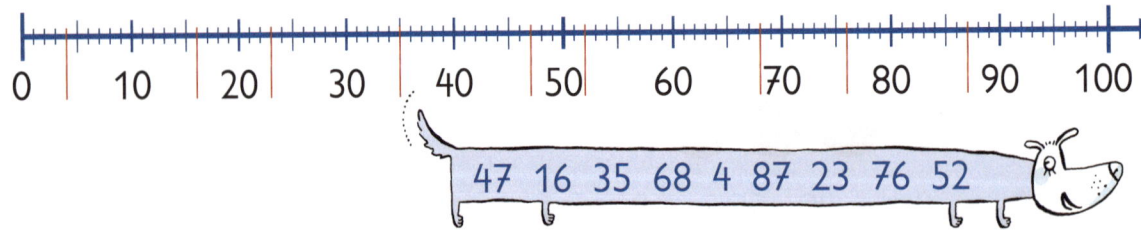

47 16 35 68 4 87 23 76 52

6 Zeige das Alter von Toms Familie am Zahlenstrahl.

Tom	Mama	Papa	Oma	Opa
7 Jahre alt	30 Jahre alt	33 Jahre alt	61 Jahre alt	67 Jahre alt

1: Dargestellte Zahlen benennen   2: Zahlen mit Zehnerstreifen und Einerplättchen legen
3: Zahlen in Zehner und Einer zerlegen   4: Zahlen finden
5 und 6: Zahlenangaben am Zahlenstrahl finden und zeigen
128
AH 64–65 | TÜ 61–62

1 Zeige die Zahlen:
25, 46, 71, 33, 58, 22,
36, 83, 79, 68, 99, 70.

1	2	3	4	5	6	7	8	9	10
11	12	13	14	15	16	17	18	19	20
21	22	23	24	25	26	27	28	29	30
31	32	33	34	35	36	37	38	39	40
41	42	43	44	45	46	47	48	49	50
51	52	53	54	55	56	57	58	59	60
61	62	63	64	65	66	67	68	69	70
71	72	73	74	75	76	77	78	79	80
81	82	83	84	85	86	87	88	89	90
91	92	93	94	95	96	97	98	99	100

2 Nenne alle Zahlen,
die in der Spalte unter
der 17 stehen.
Was fällt dir auf?

3 Welche Zahlen stehen
in der Spalte über
der 93?

4 Welche Zahlen stehen
in der Zeile der 51?

5 Zähle.

von 25 bis 30   von 56 bis 65   von 99 bis 90
von 35 bis 40   von 87 bis 99   von 82 bis 77

6 Welche Zahlen liegen zwischen 51 und 60?
Welche Zahlen liegen zwischen 80 und 90?
Nenne Vorgänger und Nachfolger von 27, 59, 80 und 61.

7 Wahr w oder falsch f ?

- Die 63 liegt zwischen der 62 und der 64.
- Die 41 steht über der 31.
- Zwischen der 12 und der 16
  stehen die Zahlen 13, 14, 15.
- 78 > 75
- Der Vorgänger von 29 ist 30.
- Der Nachfolger von 50 ist 51.

1 bis 4: Zahlen finden, nennen, zuordnen   5: Vorwärts und rückwärts zählen
6: Zahlen zwischen zwei Zahlen finden; Vorgänger, Nachfolger bestimmen
7: Aussagen prüfen und begründen

AH 64–65 | **TÜ** 61–62   129

Sammeln von Daten

1 In welchen Monaten feiern die Kinder deiner Klasse
ihren Geburtstag? Fertige dazu in deinem Heft eine Strichliste an.

Monat	Anzahl der Kinder
Januar	
Februar	
März	
…	

In welchem Monat haben die meisten Kinder Geburtstag?

2 Frage die Kinder deiner Klasse, welche dieser Haustiere sie haben.
Fertige dazu in deinem Heft eine Strichliste an.

Tiere						
Anzahl der Kinder						

3 Zähle die Gegenstände der Tabelle in deinem Klassenzimmer.
Trage die Anzahl in die Tabelle ein.

Gegenstände						
Anzahl						

Vergleiche die Anzahl der Stühle mit der Anzahl der Tische.
Anzahl der Stühle   Anzahl der Tische

1: Tabelle im Heft anlegen und Anzahlen eintragen; größte Anzahl ermitteln; Monat mit einer
geringeren Anzahl als 5 finden   2: Strichliste zur Befragung führen
130   3: Strichliste führen; Zahlen vergleichen und Relationszeichen setzen   **AH** 66–67

Die Kinder einer Schule in Leipzig kommen so zur Schule:

Klasse		🚗	🚌	🏃
1a	3	6	8	7
1b	12	4	0	8
1c	6	5	2	10

1 Wie viele Kinder gehören zu jeder Klasse?

Klasse 1a: ▯▯   Klasse 1b: ▯▯   Klasse 1c: ▯▯

2 Wahr w oder falsch f ?

In der Klasse 1a kommen weniger Kinder mit dem Auto
als in der Klasse 1b.

In der Klasse 1c kommen mehr Kinder zu Fuß
als in der Klasse 1a.

In der Klasse 1b kommen doppelt so viele Kinder
mit der Straßenbahn wie in der Klasse 1c.

Höchstalter der Tiere

Tiere	Alter
Fuchs	20 Jahre
Eichhörnchen	10 Jahre
Storch	30 Jahre
Hirsch	30 Jahre
Pelikan	60 Jahre
Esel	40 Jahre

3 Welches Tier wird doppelt so alt
wie ein Fuchs?

4 Wie viel Jahre kann ein Pelikan
älter werden als ein Storch?

5 Wie viel Jahre kann ein Esel länger
leben als ein Eichhörnchen?

6 Stimmt es, dass ein Hirsch nur
10 Jahre älter werden kann als
ein Fuchs?

1 und 2: Informationen aus der Tabelle entnehmen; Klassenstärke berechnen und Aussagen auf wahr
oder falsch prüfen
3 bis 6: Informationen aus der Tabelle entnehmen; Fragen beantworten und Lösungsfindung erklären   **AH** 68–69   131

Meter

Bei mir reicht 1 m bis zur Schulter.

Die Tafel ist genau 1 m hoch und 4 m lang.

Wie hoch und wie breit ist die Tür?

Das Tafellinial ist genau einen Meter lang.

> **MERKE DIR**
>
> Du sprichst: ein Meter
> Du schreibst: 1 m

1 m = 100 cm

1 Finde im Klassenraum Gegenstände,
- die genau einen Meter lang, breit oder hoch sind,
- die länger, höher oder breiter als einen Meter sind,
- die kürzer, niedriger oder schmaler als einen Meter sind.

2 Wie viele Fingerspannen brauchst du für einen Meter?
Wie viele Fußlängen brauchst du für einen Meter?
Wie viele Schritte brauchst du für einen Meter?

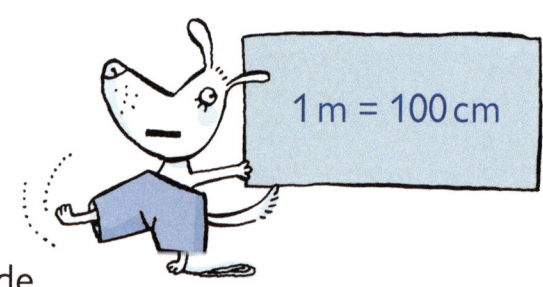

3 Wähle Messinstrumente aus. Schätze zuerst und miss dann.
- Höhe der Klassenzimmertür
- Breite des Fensters
- Höhe des Schrankes
- Breite der Tafel
- Länge des Klassenraums.

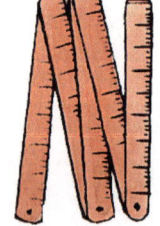

1: Finden von Gegenständen im Klassenraum; Festigung der Begriffe länger, kürzer, höher usw.
2: Feststellen der Länge 1 m mit eigenen Körpermaßen
132   3: Schätzen und Messen mit Messgeräten

1 Lege geordnet mit Rechengeld. Beginne mit 1 Cent.

2 Wie viel Geld ist das?

3 Lege auf verschiedene Weise.

26 ct   39 ct   85 ct   25 €   42 €   63 €   100 €

> 100 ct = 1 €

4 Setze das richtige Zeichen: < = > .

1: Geldwert erkennen; Ordnen nach Vorschrift   2: Geldbetrag (Summe) erfassen
3: Geldwert verschieden darstellen
4: Größe des Geldwertes erfassen und vergleichen; Relationszeichen setzen

AH 70–71 | TÜ 63   133

Uhr – Uhrzeit

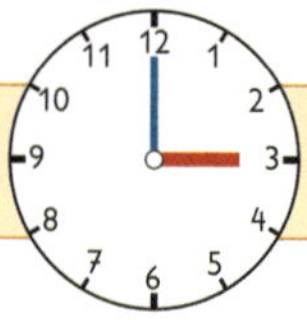

3 Uhr und 15 Uhr

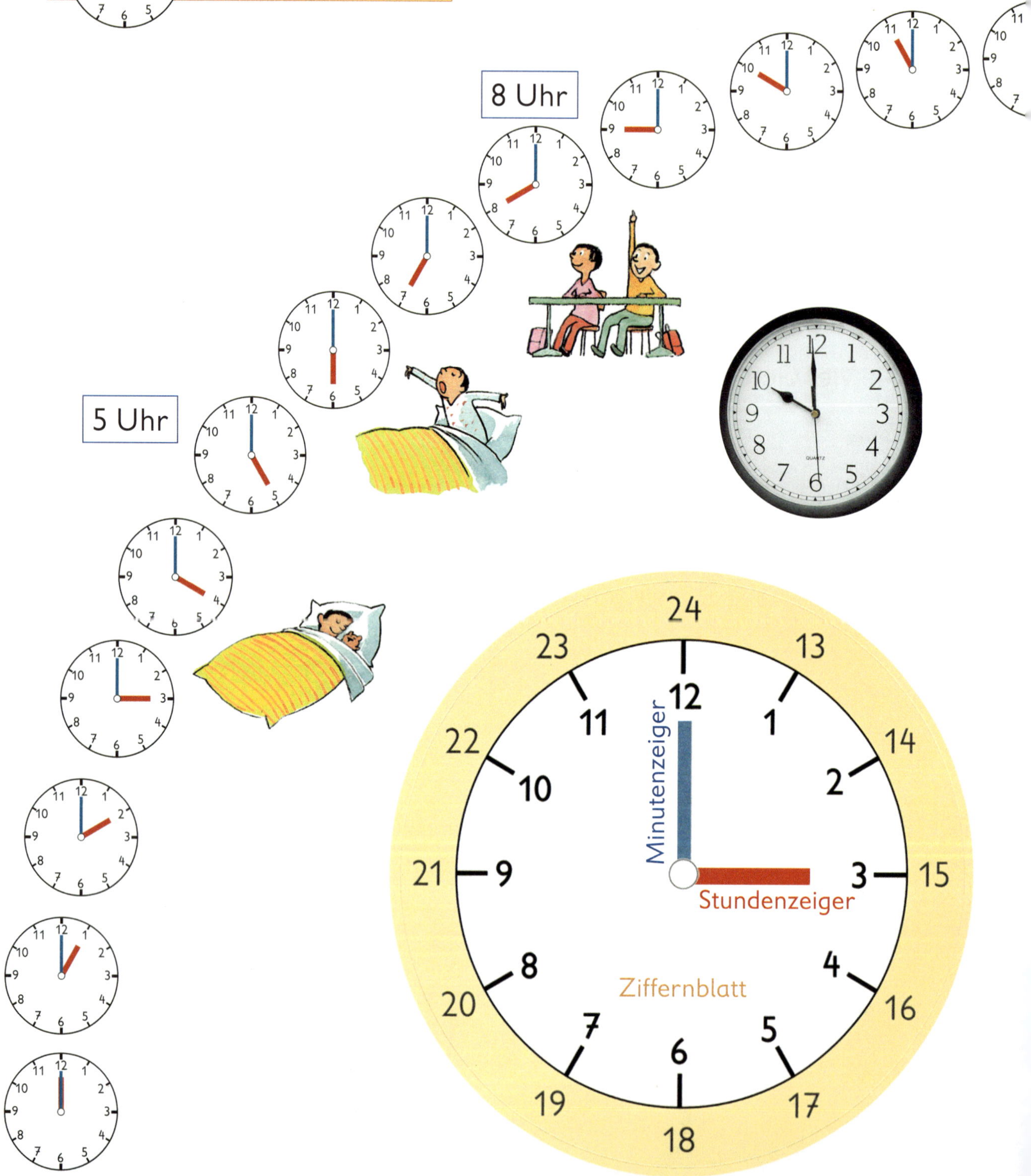
8 Uhr
5 Uhr
Minutenzeiger
Stundenzeiger
Ziffernblatt
24
13
14
15
16
17
18
19
20
21
22
23

14 Uhr

1 Tag = 24 Stunden

Projektidee: Zahlen überall

Zahlen gesucht

Zähle an deinem Körper und finde die Zahlen.

> Sag mir doch, wo hast du **zwei?**
> Zum Lauschen _____ Ohren,
> zum Schauen _____ _____,
> zum Schaffen _____ _____,
> zum Laufen _____ _____,
> _____ Füße dazu,
> und richtig, _____ Hände,
> genauso wie du!

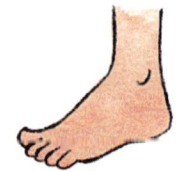

> Sag mir doch, wo hast du **fünf?**
> Oh, das sag ich dir geschwind.
> An jeder _____ _____ Finger sind.
> An jedem _____ _____ Zehen sind.
> Das weiß doch jedes Kind.
>
> Helene Hummes

1 Finde die fehlenden Worte.
Schreibe dann den Reim in dein Zahlenbuch.

2 Male zu jedem Reim die richtige Zahl. Gestalte sie farbig.

3 Suche weitere Zahlenreime.
Befrage dazu deine Eltern.
Schreibe auch diese Reime
in dein Zahlenbuch.
Male dazu immer die Zahlen.

4 Erfinde selbst Zahlenreime.
Schreibe sie in dein Zahlenbuch
und male die Zahlen dazu.

1 bis 2: Reime vervollständigen, in das Zahlenbuch eintragen; Zahlen farbig gestalten
3: Zahlenreime erfragen und in das Zahlenbuch eintragen
136   4: Zahlenreime erfinden, vortragen und einschreiben

Zahlen auf dem Kalender

5 Was für ein Tag ist der 15. Dezember?
Was für ein Tag ist der 9. Dezember?

6 Anna hatte 6 Tage eher Geburtstag.
Wann war das?
Ben hat genau 4 Tage später
als Tom Geburtstag.
Wann hat er Geburtstag?

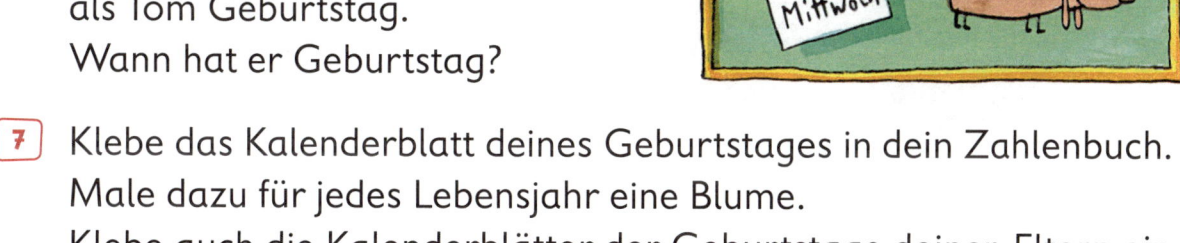

7 Klebe das Kalenderblatt deines Geburtstages in dein Zahlenbuch.
Male dazu für jedes Lebensjahr eine Blume.
Klebe auch die Kalenderblätter der Geburtstage deiner Eltern ein.

Wichtige Telefonnummern

8 Gestalte eine Seite in deinem Zahlenbuch mit diesen Nummern.

Telefonnummer meiner Eltern   Telefonnummer der Polizei
Telefonnummer meiner Schule   Telefonnummer der Feuerwehr

Zahlen auf unserem Geld

9 Welche Zahlen findest du:
auf den Geldscheinen, auf den Geldmünzen?
Male die Scheine und Münzen
in dein Zahlenbuch.

Zahlen auf der Uhr

10 Male in dein Zahlenbuch eine Uhr.
Trage die Zahlen von 1 bis 12 an.
Wo müssen die Zeiger stehen, wenn es 15 Uhr ist?
Zeichne die Zeigerstellung ein.

5: Name des Tages nennen   6: Zahl und Namen nennen   7 und 8: Seiten frei gestalten lassen
9: Geldscheine und Münzen malen; freie Gestaltung der Seite ermöglichen   10 und 11: Uhr zeichnen
und Zeigerstellung eintragen

137

Projektidee: „Das macht nach Adam Ries …"

Adam Ries war ein berühmter Rechenmeister. Er eröffnete vor etwa 500 Jahren in zwei Städten **Rechenschulen**.

Das **Rechnen war damals eine Kunst**, die nur wenige Menschen beherrschten.

Adam Ries lehrte an seinen Rechenschulen das **Rechnen auf dem Rechenbrett mit Rechenpfennigen**.

1 **Forschungsauftrag:** Wann lebte Adam Ries? In welcher Stadt lebte und starb er? **TIPP:** Befrage dazu deine Eltern. Bitte sie, mit dir zusammen im Internet nachzuschauen oder im Lexikon nachzulesen.

Aufbau des Rechenbrettes

Hunderterlinie	———————	100
Fünfzigerlinie	———————	50
Zehnerlinie	———————	10
Fünferlinie	———————	5
Einerlinie	———————	1

Anleitung zum Arbeiten mit dem Rechenbrett:

Liegen **5 Steine** auf der **Einerlinie**, dann musst du sie wegnehmen und dafür **1 Stein** auf die **Fünferlinie** legen.

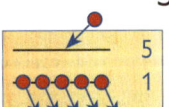

2 Ordne Zahlen zu.

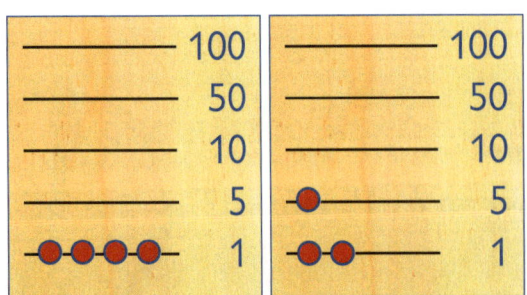

Liegen **2 Steine** auf der **Fünferlinie**, dann musst du Sie wegnehmen und dafür **1 Stein** auf die **Zehnerlinie** legen.

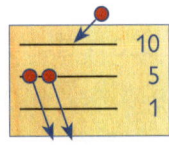

1: Unterrichtsgespräch zu Adam Ries als Vorbereitung auf den Forschungsauftrag
2: Zahlen den Darstellungen zuordnen

3 Sprich mit deinem Banknachbar darüber, was man mit dem Ausspruch „Das macht nach Adam Ries …" sagen will.

4 Ordne jedem Rechenbrett die richtige Zahl zu.

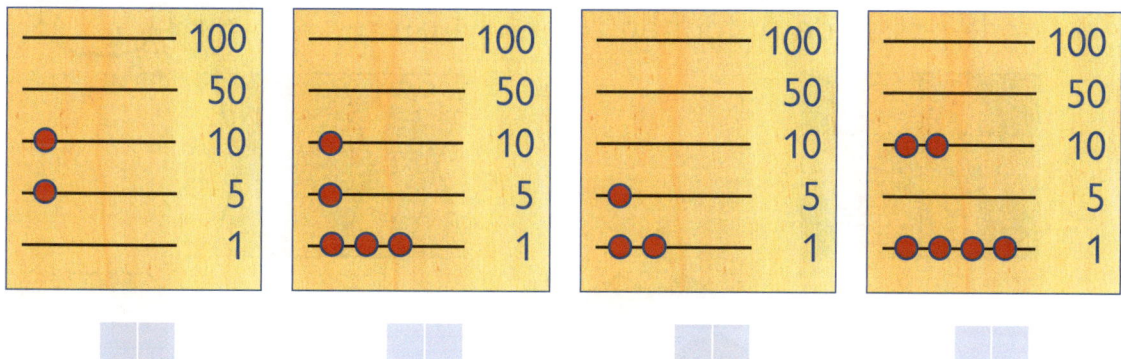

5 Zeichne ein Rechenbrett.
Lege mit Plättchen die Zahlen 6, 9, 15, 13, 50, 80.

6 Erkläre, wie du am Rechenbrett die Aufgaben löst.

5 + 4 = ☐☐   15 + 2 = ☐☐   9 − 4 = ☐☐   17 − 2 = ☐☐

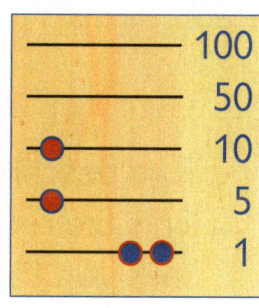 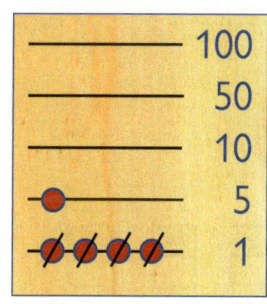

7 Rechne an deinem Rechenbrett. Erkläre deinem Partner, wie du legst und rechnest.

6 + 2	10 + 5	19 − 5	17 − 5
4 + 3	15 + 3	18 − 3	13 − 3
11 + 4	17 + 2	13 − 3	18 − 4

3: Mehrere Interpretationsmöglichkeiten vorstellen und diskutieren   4: Zahlen den Darstellungen zuordnen   5: Rechenbrett zeichnen; Zahlen mit Plättchen legen   6: Addieren und Subtrahieren am Rechenbrett erklären   7: In Partnerarbeit Aufgaben besprechen, legen und lösen

139

Projektidee: Mathematik zum Staunen und Spielen

1 Zeichne die beiden Pfeile in dein Heft.
Zeichne noch 2 Linien so dazu,
dass 3 Pfeile entstehen.

TIPP
Der 3. Pfeil zeigt nach unten.

2 Finde passende Aufgaben zu den Mustern.

Male selbst Muster und schreibe die Aufgabe dazu.

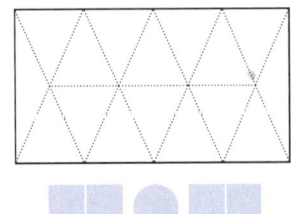
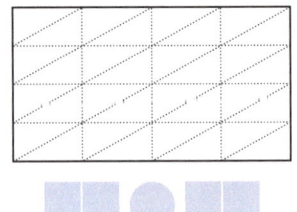

3 Wo sitze ich?

Tom beschreibt seinen Platz so:
Ich sitze rechts von Platz 6 und
links von Platz 9.
Mein Platz ist schräg gegenüber
von Platz 2.

Lisa sitzt zwischen Platz 2 und 5.
Schräg gegenüber von Platz 9.

Erfinde solche Aufgaben zum Suchen der Nummer
des Sitzplatzes.

1: Lösung finden und erklären
2: Passende Aufgaben finden; Muster gestalten und Aufgaben zuordnen
140   3: Sitzplätze finden (auch durch Nachspielen)

4 Lege mit 12 Stäbchen diese Figur.
Wie viele Quadrate siehst du?
Nimm 2 Stäbchen so weg,
dass 3 gleich große Quadrate bleiben.

5

Setze für jede der Figuren eine
der Zahlen 2, 4, 6 und 8 ein.

6 Wo gehören die Rechenzeichen
+ = – hin?

16 ⬤ 9 ⬤ 7   7 ⬤ 13 ⬤ 6

70 ⬤ 40 ⬤ 30   20 ⬤ 70 ⬤ 90

7

Der Hase rennt hin und her. Beim 1. Mal ist er bei der Igelfrau.
Beim 2. Mal ist er beim Igelmann. Wo ist er beim 4. Mal?
Wo ist er beim 7. Mal? Wo ist er beim 12. Mal? Stimmt es,
dass der Hase beim 20. Mal bei der Igelfrau ist?

8 Erfinde Rechenrätsel und Rechenspiele.

Projektidee: Mathematik in der Kunst

Paul Klee (1879–1940) nannte dieses Bild von 1923
„Kampfszene aus der komischen Oper ‚Der Seefahrer' "

1 Woran denkst du beim Betrachten des Bildes?

2 Welche geometrischen Formen siehst du?

3 Gestalte selbst ein Bild mit diesen Formen.

1: Bild betrachten
2: Geometrische Formen Kreis, Dreieck, Viereck entdecken
3: Bild mit geometrischen Formen gestalten

Schöne **Muster** findet man an vielen Orten auf der Welt.

4 Wo kannst du schöne Muster finden? Beschreibe oder male sie.

5 Zeichne diese Muster in dein Heft.

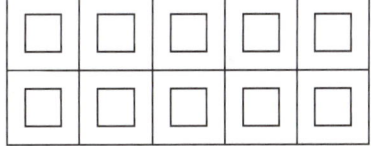
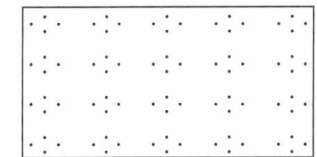

6 Erfinde eigene Muster.

4: Weitere Muster entdecken und beschreiben oder malen
5: Muster ins Heft übertragen
6: Weitere Muster erfinden und malen

I	II	III	IIII	IIII
1	2	3	4	5
eins 	zwei 	drei 	vier 	fünf 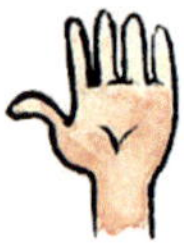

11	12	13	14	15
elf	zwölf	dreizehn	vierzehn	fünfzehn